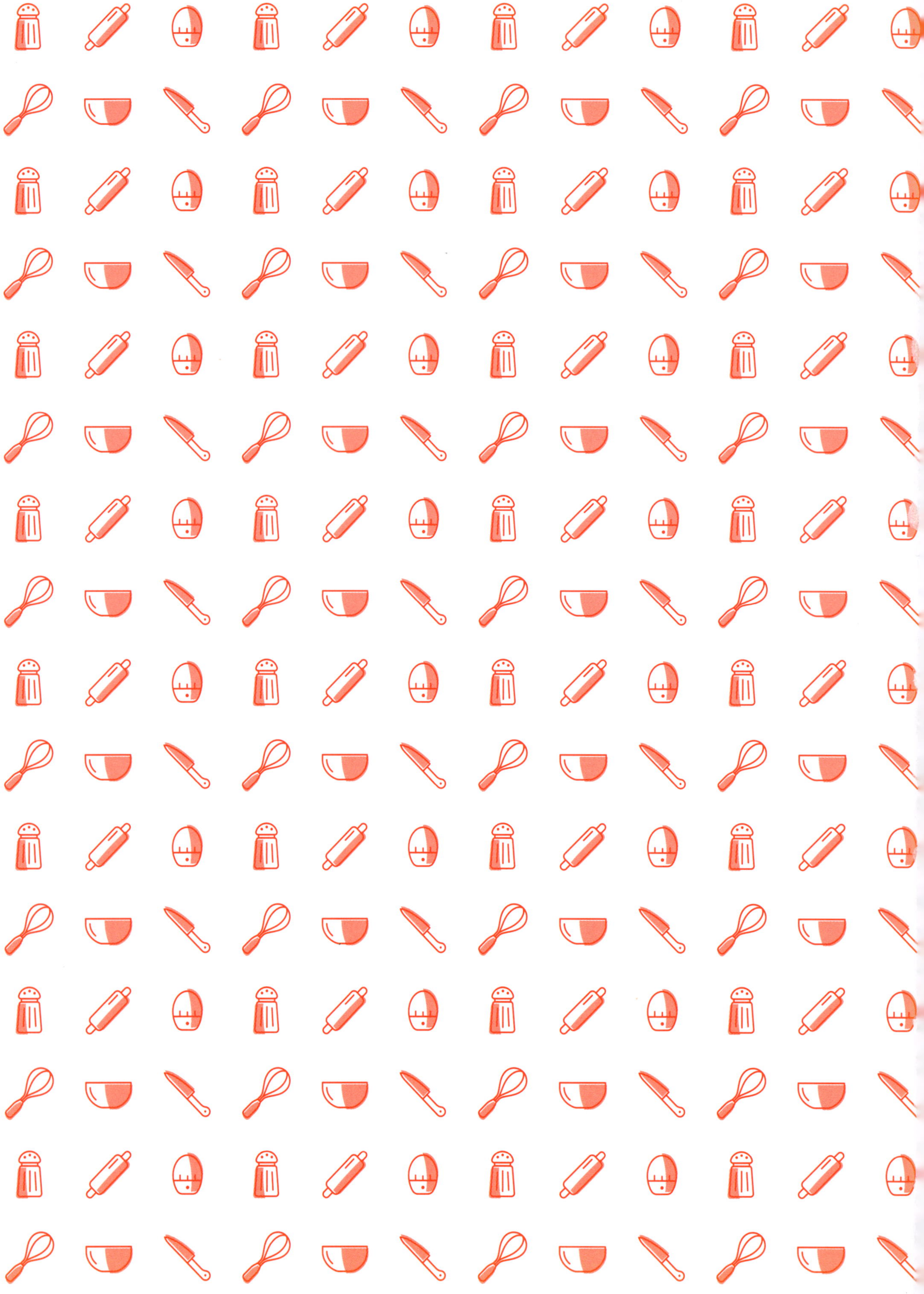

marmiton

SAVEURS du Grand Est

70 recettes de la région

Michel Lafon

La Région Grand Est
Alsace
Champagne-Ardenne
Lorraine

Sommaire

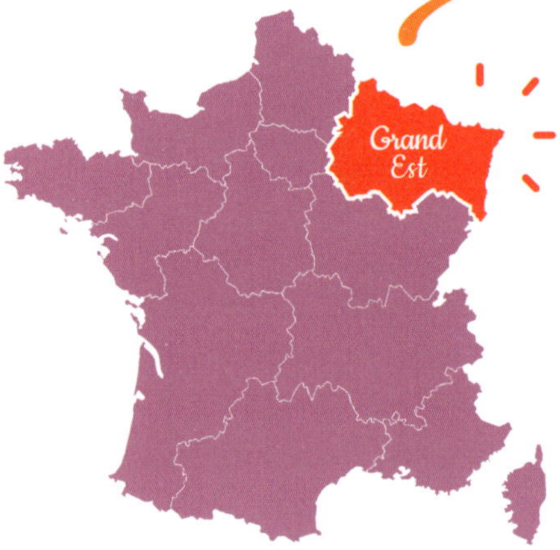

PLATS GÉNÉREUX *pour petites et grandes occasions*

ENVIES GOURMANDES *et succulentes*

Le Grand Est, ROYAUME DE NOËL

L'édito du PRÉSIDENT de la Région Grand Est

C'est avec plaisir et fierté que je vous invite à découvrir *Saveurs du Grand Est*. Ce livre de recettes, dont je salue la parution, met à l'honneur la richesse du patrimoine culinaire et gastronomique de notre région Grand Est, mais pas seulement. Il célèbre aussi la diversité de nos terroirs et des productions agricoles et viticoles qui y sont attachées et qui les caractérisent, le savoir-faire et le souci de l'excellence de toutes celles et tous ceux qui en assurent soit la culture, dans le respect de la nature, soit la valorisation sur le plan culinaire. Ici, en Grand Est, plus qu'un simple plaisir gustatif, la gastronomie est le reflet de notre histoire, de nos traditions, et témoigne des valeurs de convivialité et de bien-vivre qui nous animent.

Les produits locaux, emblématiques de notre région, sont au cœur de chacun des plats qui vous sont ici présentés. Mirabelles, brimbelles, asperges, rhubarbe, lentilles, truffe, andouillette, boudin blanc, saucisses... Chacun de ces produits, pour ne citer que ceux-ci, se décline en autant de recettes, des plus simples aux plus sophistiquées, dont certaines, nombreuses, sont transmises de génération en génération. Ce sont les plats signatures de notre région : choucroute et flammekueche alsaciennes, potée lorraine, brouillade à la truffe de Meuse, fondue champenoise, charlotte aux fraises et aux biscuits roses de Reims... Laissez-vous tenter par leur confection, elles sauront vous séduire !

Accompagnez-les dignement ! Le Grand Est est riche de ses vignobles et de ses cépages, qui font sa notoriété sur toutes les tables du monde. Invitez à la vôtre vins rouges, blancs et rosés d'Alsace et de Lorraine, laissez-vous surprendre par nos bières artisanales, faites pétiller le champagne. Rendez ainsi l'hommage qu'ils méritent à celles et à ceux qui, chez

nous, cultivent la vigne et élèvent le vin, en conjuguant harmonieusement tradition et modernité.

Les fêtes de fin d'année sont une belle occasion de savourer ces mets et boissons d'exception. Noël en Grand Est, avec ses marchés scintillants, ses coutumes ancestrales, ses tables bien garnies, est l'occasion idéale de partager en famille ou entre amis des plats généreux, dans une ambiance où la chaleur des épices - cannelle, gingembre, anis, girofle - invite à déguster brioches, petits gâteaux typiques et vin chaud.

Je souhaite qu'en feuilletant ce livre, vous partagiez l'attachement et la fierté que nous portons à notre région et à sa gastronomie. Je vous invite à cuisiner ces recettes chez vous, à les faire connaître à vos proches, à vous créer ainsi des souvenirs inoubliables autour de moments gourmands. Parce que la cuisine du Grand Est, ce sont des plats qui, avant tout, révèlent l'âme de notre région, une âme faite de générosité et d'authenticité.

Bonne lecture, et bon appétit !

Franck Leroy
Président de la Région Grand Est

L'engagement de LA RÉGION GRAND EST

POUR LA PROMOTION DES PRODUITS LOCAUX

Pour une AGRICULTURE durable

SENSIBILISER AUX PRATIQUES AGRICOLES ET D'ÉLEVAGE DURABLES

Avec 53 % de son territoire couvert de terres agricoles, le Grand Est est une des principales régions agricoles de France. Pour encourager une agriculture durable et de qualité, la Région vise à faire passer 50 % des exploitations à des pratiques plus durables et à réduire de moitié l'utilisation des produits phytosanitaires d'ici 2025. Elle veut aussi améliorer les conditions de travail des agriculteurs et garantir un revenu stable pour chacun d'eux.

L'AGRICULTURE BIO : UN ATOUT POUR LA RÉGION

L'objectif commun est de donner un nouvel élan aux filières bio du Grand Est, de la production à la transformation et à la distribution, afin de développer la consommation de produits bio. Le développement de l'agriculture bio permet également d'améliorer l'approvisionnement pour les consommateurs, mais aussi de créer de nombreux emplois, contribuant ainsi à l'économie et à la vie sociale du territoire. Le mode de production et de transformation fait partie, en France, des signes d'identification de la qualité et de l'origine (SIQO).

DÉVELOPPER LES FILIÈRES LOCALES

Le Grand Est compte 60 produits (viandes, sucreries, produits laitiers, vins et spiritueux…) reconnus pour leur qualité et leur origine (SIQO). Il y a 8 produits laitiers, 17 produits carnés, 21 vins et spiritueux, 5 fruits et légumes, 4 produits sucrés et 5 autres produits (pâtes d'Alsace, escargots, etc.). Le Grand Est joue un rôle important dans l'agriculture française, avec des filières locales d'excellence comme le colza, le blé, l'orge, les oléoprotéagineux, la betterave, la luzerne, la pomme de terre et le chanvre. La viticulture est également essentielle dans cette région. La Région soutient ces filières et les aide à adopter des pratiques agricoles plus durables.

SOUTENIR LES PROJETS D'INNOVATION EN AGRICULTURE

Ce sont plus de 30 projets que la Région, avec l'appui du FEADER (Fonds européen agricole pour le développement rural), a déjà soutenus, tels le développement d'un robot qui permet d'épauler les récolteurs de mirabelles ou la création d'un système de lutte contre l'impact des gelées printanières sur les vignes.

ENCOURAGER L'ACHAT DES PRODUITS DE PROXIMITÉ EN VENTE DIRECTE

Le programme « Promotion des productions agricoles régionales, viticoles, forestières et des labels de qualité » vise à soutenir les événements locaux, départementaux, régionaux ou nationaux qui renforcent la notoriété des territoires. Il soutient également les actions de communication des filières agricoles, viticoles et forestières pour promouvoir la vente directe et valoriser les produits locaux labellisés SIQO. Ces labels, encadrés par les autorités publiques, garantissent que les produits respectent des normes spécifiques. L'objectif est d'encourager les consommateurs à acheter ces produits. Les démarches SIQO sont également un atout pour le développement durable.

DES FERMES PILOTES QUI SE MULTIPLIENT DANS LE GRAND EST

Réparties sur tout le territoire régional, 40 fermes pilotes ont été sélectionnées dans le cadre de programmes européens. Véritables sites expérimentaux, ces fermes permettront d'étudier l'évolution de la biodiversité (vers de terre, coléoptères, flores bordant les champs, etc.). Leur mission pour les dix prochaines années : développer des pratiques agroécologiques au sein de leur exploitation pour concilier biodiversité et contraintes économiques.

Pour une ALIMENTATION *locale et de qualité*

Adopter une attitude alimentaire responsable et limiter notre impact sur l'environnement implique de privilégier les produits locaux et de saison, dont la culture et l'élevage respectent les cycles naturels et assurent aux producteurs un revenu juste toute l'année. Tels sont les objectifs de la région Grand Est. Consommer local permet en effet de soutenir les producteurs, les commerçants et les artisans de cette belle région. C'est aussi valoriser le travail, la passion et le savoir-faire de ces producteurs locaux, qui peuvent dans ces conditions vendre des produits de qualité à un prix juste. C'est aussi prendre soin de sa santé avec des aliments sains et pleins de saveurs, dont on connaît l'origine.

LOC'HALLES GRAND EST : LE PLUS COURT CHEMIN VERS VOS PRODUITS LOCAUX

Avec Loc'Halles Grand Est, la Région offre depuis 2020 aux habitants et aux professionnels un accès facilité, gratuit et direct, depuis leur téléphone, leur tablette ou leur ordinateur, à une diversité de produits locaux : produits laitiers, viandes, charcuterie, œufs, fruits et légumes, boulangerie, biscuiterie, farine, miel, confitures, confiseries, épicerie, boissons, etc.
La plateforme Loc'Halles Grand Est permet de géolocaliser facilement les professionnels des circuits alimentaires en réduisant les intermédiaires entre consommateurs et producteurs.
Loc'Halles Grand Est offre de la visibilité à tous les acteurs de la chaîne de valeur agricole et vise à développer la production, la transformation et le commerce en Grand Est.

À LA CANTINE AUSSI, ON MANGE LOCAL !

Dans les lycées du Grand Est, élaborer de bons menus, avec des produits de qualité et en circuit court, c'est toute l'année !
En effet, malgré l'inflation, la Région s'engage à penser l'alimentation de demain, à structurer une offre locale et à sensibiliser les lycéens à de nouvelles pratiques. Du champ à l'assiette... Tel est l'enjeu du programme dédié à une Alimentation durable et autonome en Grand Est (ADAGE).
L'objectif est de penser une offre mettant à disposition deux tiers de produits locaux, dont un tiers en bio, d'ici 2030, afin de faire évoluer les pratiques d'achat et de consommation des acteurs du secteur en privilégiant les produits de proximité, frais et de qualité, dans tous les établissements gérés par la collectivité.
Le programme ADAGE doit aussi permettre à la Région d'utiliser la restauration collective comme un levier de développement des filières de production locales.

Les PRODUITS PHARES du Grand Est

Mirabelles de Lorraine, biscuits roses de Reims, asperges blanches d'Alsace, truffes de Meuse, jambon des Ardennes, foie gras d'Alsace… Il faudrait des pages et des pages pour citer tous les délicieux produits culinaires du Grand Est, véritables trésors nationaux ! Et pour cause, parmi eux, 60 ont été placés sous signe d'identification de la qualité et de l'origine (SIQO) – appellation d'origine contrôlée (AOC), indication géographique protégée (IGP), spécialité traditionnelle garantie (STG), appellation d'origine protégée (AOP), agriculture biologique (AB) ou Label Rouge. Petit florilège…

DES TRUFFES

Les truffes d'automne ont regagné une place d'honneur bien méritée sur la table des gourmets. Bien adaptée aux sols et au climat du nord-est de la France, la truffe de Meuse constitue l'un des produits gastronomiques les plus prestigieux du Grand Est. (Voir aussi pages 54-55.)

DES EAUX PLATES ET GAZEUSES PLEINES DE BIENFAITS POUR LA SANTÉ

Wattwiller et Carola en Alsace, Cristaline-Grands Bois dans la Marne, Contrex, Hépar et Vittel dans les Vosges.

DES BIÈRES

Le Grand Est aime la bière, et celle-ci le lui rend bien ! Si le Français en consomme en moyenne 30 litres par an, l'Alsacien et le Lorrain en dégustent plutôt 100 litres, et le Champardennais, 70. Première région de France productrice d'orge, de malt et de houblon, le Grand Est produit plus de la moitié de la bière française.

LES 9 PRODUITS LAITIERS SOUS SIQO

La région Grand Est compte 9 produits laitiers sous SIQO dont 5 fromages de vache AOP (brie de Meaux et de Melun, munster, chaource, époisses et langres), 1 fromage de vache IGP (soumaintrain), 1 fromage de vache Label Rouge (emmental grand cru) et 2 produits crémiers (crème fraîche fluide d'Alsace IGP et crème fluide Label Rouge).

DU FOIE GRAS

L'Alsace fait partie des 5 grands territoires français producteurs de foie gras. Mais la Haute-Marne, la Meuse et la Meurthe-et-Moselle commencent aussi à faire parler d'elles dans ce domaine…

Le foie gras alsacien, d'oie, se trouve sur les plus grandes tables de France depuis la fin du XVIIIe siècle, grâce notamment aux pâtissiers de Strasbourg qui mirent au point un fameux pâté de foie gras, avant de l'associer à la truffe. Les grandes maisons se multiplièrent alors, et Strasbourg devint la capitale du foie gras.

LE PAIN D'ÉPICES

Véritable symbole des fêtes de fin d'année, que l'on consomme au petit déjeuner, au goûter ou à l'heure du thé, mais aussi avec le foie gras.

DES MIELS

Miel de sapin des Vosges (AOP), miel de sapin (Label Rouge) et miel d'Alsace (IGP) - acacia, tilleul, toutes fleurs, châtaigniers, sapin et forêt - dont on se régale et que l'on glisse avec délice dans ses recettes de pain d'épices et autres biscuits de Noël. Le Grand Est est la troisième région de France productrice de miel.

L'ANDOUILLETTE DE TROYES

Labellisée 5A (pour Association amicale des amateurs d'andouillette authentique), un sigle informel mais qui fait loi dans le monde de la charcuterie, l'andouillette de Troyes est citée dans certains ouvrages dès le XVIe siècle. (Voir aussi pages 94-95.)

LE BOUDIN BLANC DE RETHEL (IGP)

C'est à Jacques-Augustin-Henri Chamarande, officier du roi au XVIIe siècle, que l'on doit la recette du boudin blanc. Forcé de se cacher à Rethel pour une affaire de duel interdit, il y ouvrit une charcuterie et imagina le boudin blanc. Le succès fut immédiat. Apprécié sur les grandes tables, le boudin blanc était même servi à la cour d'Angleterre. (Voir aussi pages 70-71.)

LE JAMBON SEC DES ARDENNES (IGP)

Une odeur de melon, une douce saveur de viande séchée et salée, une teinte bordeaux, une texture moelleuse et fondante en bouche... Le jambon sec des Ardennes, c'est tout un poème ! Ce produit d'excellence est historiquement attaché au terroir ardennais au moins depuis la fin du XVIIIe siècle.

LA FILIÈRE BOVINE

Avec près de 11900 exploitations, l'élevage, au sens large, est très présent en Grand Est.
Les races limousine, charolaise, salers, blonde d'Aquitaine sont les plus fréquentes, sans oublier bien sûr la race vosgienne. La viande de terroir du Grand Est répond aux exigences des amateurs de viande attachés à leur région, laquelle propose des viandes de qualité (Label Rouge, bio, Haute valeur environnementale...) qui respectent un cahier des charges précis garantissant la traçabilité des produits du pré à l'assiette.

DES POISSONS D'EAU DOUCE

Dont la truite, indissociable de la fameuse recette de truite au riesling et aux amandes, si prisée à Colmar. Mais les nombreux cours d'eau de la région accueillent aussi carpes, sandres, anguilles, silures...

LES MIRABELLES DE LORRAINE (IGP)

« Or jaune de la Lorraine », la mirabelle est le fruit emblématique de ce territoire, dont Metz est la capitale. Sa récolte, en août, est l'occasion de nombreuses fêtes dans toute la Lorraine. (Voir aussi pages 126-127).

LES ESCARGOTS (LABEL ROUGE)

Incontournable du patrimoine culinaire français, l'escargot est surtout présent dans nos assiettes pour les fêtes de fin d'année. L'héliciculture du gros-gris a lieu en Alsace, où il existe une douzaine d'élevages.

DES SPÉCIALITÉS CULINAIRES

• **LE BABA AU RHUM.** Exilé en Lorraine, le roi déchu de Pologne Stanislas Leszczynski, trouvant son kougelhopf bien trop sec, l'aurait alors trempé dans du vin sucré. Le talent des pâtissiers fit le reste, remplaçant par la suite le vin par du rhum pour imbiber leurs savarins.

• **LA CONFITURE DE RHUBARBE.** Originaire d'Asie, la rhubarbe aime la Lorraine, qui le lui rend bien ! En effet, on y confectionne des confitures où la rhubarbe est parfois associée à d'autres fruits : fraises, framboises, myrtilles… pour en adoucir le goût.

• **LA CONFITURE DE GROSEILLES** épépinées à la plume d'oie, et donc à la main, est une spécialité de Bar-le-Duc datant de 1344. Sa préparation requiert tact et précision : quinze

heures sont nécessaires pour obtenir 1 kilo de confiture. Alfred Hitchcock en consommait, dit-on, un pot tous les matins au petit déjeuner ! Voici une recette plus simple (cf. encadré) : celle d'une délicieuse gelée de groseille.

• **LES BONBONS BERGAMOTES DE NANCY (IGP).** À base d'huile essentielle de bergamote, les bergamotes de Nancy font incontestablement partie du patrimoine gastronomique de la Lorraine. Elles ont réellement acquis leur popularité lors de l'Exposition internationale de Nancy en 1909, date à laquelle elles furent

Gelée de GROSEILLE

INGRÉDIENTS

Groseilles rouges
Sucre cristallisé
(ou sucre « à confiture »)

ASTUCE

Après ouverture, la gelée de groseille se conserve trois semaines au réfrigérateur.

1. Triez et lavez soigneusement les groseilles. Prélevez les grains, mettez-les dans une grande casserole et couvrez-les d'eau. Faites chauffer à feu doux jusqu'à ce que les grains éclatent et libèrent leur jus.
2. Passez le tout à travers une passoire fine pour séparer le jus de la peau et des pépins. Mesurez la quantité de jus obtenue. Versez-le dans une casserole et ajoutez 800 g de sucre par litre de jus.
3. Portez le mélange à ébullition à feu moyen, en remuant constamment jusqu'à ce que le sucre soit complètement dissous.
4. Réduisez le feu et laissez mijoter doucement, en continuant de remuer régulièrement, jusqu'à ce que la gelée épaississe.
5. Versez la gelée chaude dans des pots stérilisés et scellez-les hermétiquement.

présentées dans des petites boîtes métalliques où figurait la célèbre place Stanislas. Elles sont toujours fabriquées artisanalement.

• **LA MADELEINE DE COMMERCY.** Vers 1730, au château de Commercy, Stanislas Leszczynski (encore lui !) est lâché soudainement par son pâtissier. Mais un repas sans dessert est inconcevable ! Une domestique, prénommée Madeleine et originaire de Commercy, confectionne alors une recette qu'elle tient de sa grand-mère. Le gâteau, appelé « madeleine de Commercy » par Stanislas Leszczynski lui-même, fait son entrée à la cour de son gendre Louis XV, qui fera sa renommée. La madeleine de Liverdun, dont la recette inimitable reste secrète depuis 1922, fait également partie du patrimoine culinaire lorrain.

• **LA CONFITURE D'ÉGLANTINES,** méconnue du grand public, est pourtant une confiture phare en Alsace ! L'églantier est un rosier sauvage. Ses baies, appelées « gratte-cul », donnent le fameux buddemües, la traditionnelle confiture d'églantines alsacienne. Elle se marie très bien avec le munster et le maroilles.

MADELEINES *de Commercy*

INGRÉDIENTS

Pour une trentaine de madeleines :
150 g de beurre (+ pour les moules)
3 œufs
150 g de sucre en poudre
200 g de farine
1 cuil. à café de levure chimique
Le zeste râpé de 1 citron (facultatif)
1 pincée de sel

1. Faites fondre le beurre. Beurrez et farinez vos moules à madeleines. Battez les œufs et le sucre dans un bol jusqu'à ce que le mélange devienne mousseux.
2. Incorporez la farine tamisée et la levure.
3. Incorporez le beurre fondu tiède. Ajoutez éventuellement le zeste de citron.
4. Laissez reposer la pâte au réfrigérateur pendant au moins 30 min (cela contribue à former la bosse caractéristique des madeleines à la cuisson).
5. Préchauffez le four à 180 °C (th. 6). Remplissez les empreintes du moule aux trois quarts.
6. Enfournez pour 10 à 12 min, les madeleines doivent être bien dorées sur les bords et fermes au toucher.
7. Démoulez dès la sortie du four et laissez les madeleines refroidir sur une grille.

• **LES BISCUITS ROSES DE REIMS.** Créé en 1691, le biscuit rose de Reims est un des fleurons de la ville. Toujours associé au champagne, il est un symbole de fête. Il est aussi utilisé dans de nombreuses recettes. Outre sa couleur rose, il est caractérisé par une texture craquante et fondante en bouche. La pâte de ces biscuits est aromatisée à la vanille. C'est pour masquer les fines particules noires extraites de la gousse de vanille qui le tachetaient que les pâtissiers ont ajouté un colorant rouge naturel, le carmin.

• **LES BRETZELS.** Cette pâtisserie salée est typique de l'Alsace, de l'Allemagne du Sud, de l'Autriche et de la Suisse alémanique. Parmi les légendes autour de sa création figure celle-ci... En 1477, un boulanger de la cour originaire de Bouxwiller aurait été emprisonné par le roi après avoir mal cuit son pain. Il risquait d'être exécuté... Mais il serait sauvé s'il inventait un pain « au travers duquel le soleil brillerait trois fois ». S'inspirant de la posture de prière de son épouse, le boulanger croisa les deux extrémités d'un ruban de pâte, formant ainsi trois ouvertures à travers lesquelles le soleil pouvait briller trois fois. Au moment d'enfourner les bretzels, un chat fit tomber la plaque dans de la saumure... N'ayant plus le temps de recommencer, le boulanger enfourna les bretzels pleins de sel et les présenta au roi, qui tomba sous le charme.

• **LES DRAGÉES DE VERDUN.** C'est vers l'an 1220 qu'un apothicaire du Verdunois eut cette idée de génie : il prit des amandes dont il se servait pour faire ses gâteaux, les enroba d'une couche de sucre et de miel, puis, pour faciliter leur transport, les fit durcir. La dragée était née, et portait alors le nom d'« épice ». Ce produit fut bientôt en vogue dans la noblesse, et le drageoir fut de rigueur quand les dames recevaient. Ces « épices », restées sous forme de pralines jusque vers l'an 1600, prirent alors leur forme actuelle : une enveloppe dure mais lisse conservant la forme de l'amande.

La tradition d'offrir des dragées pour les événements heureux remonterait au Moyen Âge. L'amande symbolise la naissance, mais aussi l'immortalité donnée au petit enfant par le baptême. Lors de la communion, la dragée accompagne le rite de passage au monde des adultes. Et les dragées du mariage sont une promesse de bonheur.

À la découverte DES VINS et de LA VITICULTURE du Grand Est

LES CÉPAGES DU GRAND EST

CHAMPAGNE
- Chardonnay
- Pinot noir
- Pinot meunier

ALSACE
- Auxerrois
- Riesling
- Sylvaner
- Gewurztraminer
- Pinot gris
- Pinot noir
- Chasselas
- Muscat
- Pinot blanc
- Chardonnay

MOSELLE
- Auxerrois
- Pinot noir
- Gamay
- Pinot gris
- Müller-thurgau

CÔTES DE MEUSE
- Müller-thurgau
- Pinot noir
- Pinot gris
- Auxerrois
- Gamay
- Pinot blanc
- Chardonnay

CÔTES DE TOUL
- Pinot noir
- Gamay
- Auxerrois
- Aubin

LABEL IGP (INDICATION GÉOGRAPHIQUE PROTÉGÉE)

- Côtes-de-Meuse
- Coteaux-de-Coiffy, Haute-Marne

LABEL AOP (APPELLATION D'ORIGINE PROTÉGÉE)

- Champagne
- Coteaux-champenois
- Rosé des Riceys
- Moselle
- Côtes-de-Toul
- Alsace ou vins d'Alsace, crémant d'Alsace, Alsace grand cru

La viticulture du GRAND EST de renommée mondiale

La région Grand Est, connue pour son sol riche et son terroir unique, a une longue histoire de production de vin qui remonte à l'époque romaine. Elle abrite des vignobles produisant certains des meilleurs vins du monde, dont le célébrissime champagne, symbole de fête, de joie, de convivialité et de plaisir. Plus de 7 % des vins français y sont produits. Un tiers des exploitations agricoles de la région est dédié à la viticulture, et le Grand Est compte deux des plus grands vignobles français : le vignoble de Champagne, inscrit au patrimoine mondial de l'Unesco depuis 2015, et le vignoble d'Alsace. Et en comptant le vignoble de Lorraine, le Grand Est peut s'enorgueillir d'être la première région œnotouristique de France avec ses 836 kilomètres de routes des vins.

DES VINS DE QUALITÉ

Les vins produits dans cette région sont majoritairement des blancs, avec quelques rouges, gris et rosés. Avec 11 vins labellisés SIQO, 8 AOP, dont le précieux champagne, et 3 IGP, la carte des vins du Grand Est illustre à elle seule la richesse du territoire.

LES VINS ET LEURS CÉPAGES

• **LE CHAMPAGNE (AOP)** bénéficie d'un prestige reconnu dans le monde entier. La protection et la défense très actives de l'appellation sont notamment assurées par le Comité interprofessionnel du vin de Champagne (CIVC). Ce vin renommé est produit principalement avec du pinot noir (38 %), du meunier (32 %) et du chardonnay (30 %). Quatre autres cépages sont cependant autorisés : l'arbane, le petit meslier, le pinot blanc et le pinot gris, mais ils n'occupent encore que 0,3 à 0,5 % du vignoble. Ces cépages anciens, délaissés un temps, connaissent depuis quelques années un regain d'intérêt car ils offrent des possibilités nouvelles pour les vins de Champagne en matière d'arômes.

• **LES VINS D'ALSACE (AOP)** peuvent être issus d'un seul cépage. Dans ce cas, le nom du cépage est souvent indiqué sur l'étiquette : auxerrois, gewurztraminer, muscat, sylvaner, pinot blanc, pinot gris, pinot noir, riesling. Ils peuvent également être issus d'un assemblage de plusieurs cépages comme le « gentil » ou l'« edelzwicker ». Ils sont toujours vendus dans la bouteille appelée « flûte d'Alsace ».

• **LE CRÉMANT D'ALSACE (AOP),** produit dans tout le vignoble alsacien, est un vin effervescent issu principalement du pinot blanc, mais aussi parfois du pinot noir et et du pinot gris, de l'auxerrois, du chardonnay et du riesling. Il est le leader des mousseux après le champagne.

• **ALSACE GRAND CRU OU GRAND CRU D'ALSACE (AOP)** est le nom générique de vins blancs ou de vins rouges qui regroupe 51 appellations sur 47 communes du vignoble d'Alsace seulement. Ces crus bénéficient des meilleures expositions du vignoble, avec des contraintes de production plus rigoureuses que pour l'appellation Alsace. Les cépages dominants sont le gewurztraminer, le riesling et le pinot gris.

• **LE CÔTES-DE-TOUL (AOP)** est produit sur 8 communes des côtes de Meuse encadrant la ville de Toul. Si l'appellation produit aussi bien des vins blancs (le plus souvent constitués d'auxerrois) que des vins rouges (à base de pinot noir exclusivement), elle est surtout connue pour sa production de vins gris qui résultent de la vinification en blanc de cépages à pellicule rouge mais à pulpe incolore, tels le gamay et le pinot noir.

• **LES VINS DE MOSELLE (AOP),** principalement des blancs, mais aussi des rouges et des rosés, sont produits à partir de 8 cépages autorisés. Le pinot noir, l'auxerrois et le pinot gris constituent 83 % de l'encépagement. S'y ajoutent pour la complexité des arômes : gamay, gewurztraminer, meunier, pinot blanc, müller-thurgau et riesling.

• **LE ROSÉ DES RICEYS (AOP)** est un vin tranquille (c'est-à-dire non pétillant) élaboré avec du pinot noir.

• **LES COTEAUX-CHAMPENOIS (AOP)** peuvent être élaborés dans l'ensemble de l'aire du champagne, mais ce sont des vins tranquilles. Fréquemment figure sur l'étiquette le nom de la commune dont le vin est issu, l'une des plus célèbres étant Bouzy, grand cru de pinot noir. Vertus ou Sillery produisent aussi des coteaux-champenois réputés, tout comme Aÿ. Une grande majorité de ces vins ne sont pas millésimés : ils naissent d'un assemblage d'années différentes de chardonnay, meunier, pinot ou pinot meunier. Ce sont des vins rares car leur production est faible. De plus, lors des pénuries de raisin, la totalité de la récolte est dévolue au champagne.

• **LES VINS DE HAUTE-MARNE (IGP)** sont majoritairement issus des cépages merlot et pinot noir, accompagnés de syrah, pour les rouges et rosés, et de pinot gris, pinot blanc et petit meslier pour les blancs et les mousseux de qualité.

• **LE COTEAUX-DE-COIFFY (IGP)** est produit, pour les rouges et rosés, avec les cépages gamay noir à jus blanc, pinot noir, meunier et gamaret, merlot et syrah. Et pour les blancs avec les cépages chardonnay, pinot gris, auxerrois, pinot blanc, aligoté, arbane, petit meslier, viognier, gewurztraminer et 4 variétés de muscat.

• **LES CÔTES-DE-MEUSE (IGP)** sont des vins tranquilles blancs, gris, rosés et rouges élaborés à partir d'un seul cépage ou d'un assemblage de cépages pinot noir, auxerrois, chardonnay ou gamay. Le nom du ou des cépages peut être indiqué sur l'étiquette.

LA PRODUCTION EN CHIFFRES

• **LES VIGNES DU GRAND EST** occupent 49 942 hectares (34 200 ha en Champagne, 15 530 ha en Alsace et 212 ha en Lorraine), soit 11,5 % de la surface du vignoble français en AOP.
On compte 16 210 vignerons en Champagne, 3 156 producteurs en Alsace, 41 vignerons en Lorraine.

• **L'AGRICULTURE BIOLOGIQUE**
1 259 viticulteurs se sont engagés dans la production biologique :
- 562 en Champagne pour 8 % des surfaces ;
- 662 en Alsace pour 35 % des surfaces ;
- 35 en Lorraine pour 70 % des surfaces.

• **60 % DU VIGNOBLE CHAMPENOIS** est sous certification environnementale, dont 40 % en Viticulture durable en Champagne (VDC). La certification Haute valeur environnementale (HVE), le troisième niveau et le plus élevé de la certification environnementale des exploitations agricoles, avait été accordée, au 1er janvier 2022, à 4 730 exploitations du Grand Est :
- 2 632 en Champagne ;
- 1 821 en Alsace ;
- 277 en Lorraine.

LA TRANSFORMATION

• **457 MILLIONS** de bouteilles de vin (hors crémant et champagne) ont été commercialisées en 2023 dans le Grand Est :
- 326 millions en Champagne
- 130 millions en Alsace
- Près de 1 million en Lorraine

• **ET 346 MILLIONS** de bouteilles de vin effervescent (champagne et crémant d'Alsace) ont été écoulées la même année.

8497

Pour se mettre EN APPÉTIT

Quiche lorraine, LA VRAIE !

Pour	Préparation	Réfrigération	Cuisson	Difficulté	Coût
4 personnes	30 minutes	30 minutes	50 minutes	Facile	Bon marché

INGRÉDIENTS

Pour la pâte brisée :

90 g de beurre à température
180 g de farine
1 pincée de sel
30 ml d'eau

Pour la garniture :

200 g de poitrine fumée
4 œufs
25 cl de crème fraîche
15 cl de lait ou de crème liquide
1 pincée de poivre
1 pincée de noix muscade râpée (facultatif)

LES INDISPENSABLES

1 rouleau à pâtisserie
1 moule à tarte
1 fouet à main

ASTUCE

Si vous optez pour une pâte du commerce, prenez bien de la pâte brisée (pur beurre), et non une pâte feuilletée, qui se détremperait à la cuisson.

1. Préparez la pâte brisée. Coupez le beurre en lamelles dans un saladier. Ajoutez la farine et le sel. Amalgamez la pâte en la travaillant rapidement et en ajoutant l'eau. Formez une boule, aplatissez-la légèrement du plat de la main et filmez-la, puis laissez-la reposer 30 min au réfrigérateur.
2. Préchauffez le four à 180 °C (th. 6). Étalez la pâte au rouleau à pâtisserie sur un plan de travail fariné. Garnissez-en le moule tapissé de papier cuisson. Piquez le fond à la fourchette.
3. Coupez la poitrine fumée en petits morceaux et faites-les dorer à sec dans une poêle. Égouttez-la sur du papier absorbant pour éliminer le gras de cuisson.
4. Mélangez les œufs et la crème au fouet dans un saladier. Ajoutez le poivre et, éventuellement, la muscade. Puis incorporez la poitrine fumée. Versez cette garniture sur la pâte.
5. Enfournez pour 45 à 50 min.

LE SAVIEZ-VOUS ?

La quiche vosgienne se fait au fromage, et de préférence un emmental grand cru des Vosges ; tandis que la quiche alsacienne se prépare avec ou sans lard, mais toujours avec des oignons revenus dans le beurre.

TARTE AUX asperges blanches

Pour	Préparation	Cuisson	Difficulté	Coût
6 personnes	30 minutes	30 minutes	Facile	Moyen

INGRÉDIENTS

Pour la pâte :

250 g de farine
½ paquet de levure chimique
1 cuil. à café de sel
10 cl d'huile de tournesol
10 cl d'eau

Pour la garniture :

10 à 12 asperges blanches de même calibre
3 œufs
10 cl de lait
10 cl de crème liquide
50 g de parmesan râpé
100 g d'allumettes de lardons fumés
Noix muscade
Sel et poivre

1. Pelez les asperges et faites-les précuire à la vapeur 10 à 15 min. Égouttez-les.
2. Préchauffez le four à 200 °C (th. 6-7).
3. Préparez la pâte brisée. Mélangez la farine, la levure et le sel dans un saladier, puis incorporez rapidement l'huile et l'eau, sans trop travailler la pâte.
4. Étalez-la dans le moule couvert de papier cuisson. Piquez le fond à la fourchette.
5. Battez les œufs avec le lait, la crème et le parmesan dans un saladier, salez, poivrez et ajoutez de la noix muscade.
6. Versez cette préparation sur la pâte, puis répartissez-y les lardons.
7. Ajoutez les asperges et enfournez pour 30 min environ.

ASTUCE

Vous pouvez former une jolie rosace dans un moule rond, ou bien couper les asperges à la même longueur et les aligner dans un moule carré ou rectangulaire.

Les ASPERGES blanches d'Alsace

L'asperge d'Alsace est blanche pour 95 % de la production. Et si le blanc est couleur de pureté, l'asperge d'Alsace peut revendiquer cette vertu avec force : elle est 100 % naturelle, pousse sans engrais ni traitement avant la récolte.

UN PEU D'HISTOIRE

L'asperge a été introduite en Alsace, à Hœrdt, en 1873, par le pasteur Louis Gustave Heyler. C'est à Philippeville (Skikda), en Algérie, où il exerçait son ministère, qu'il découvrit la culture de l'asperge. En comparant le sol aride africain qui convenait parfaitement à l'asperge à celui de Hœrdt, il décida de revenir en Alsace pour y introduire ce légume. Il parvint à convaincre les agriculteurs de la commune de se lancer dans cette production et fit de Hœrdt la capitale de l'asperge.

BUTTAGE ET PAILLAGE EN MARS

La saison du producteur d'asperges commence aux tout premiers jours du printemps, avec le buttage : les plants sont recouverts d'une butte de terre d'environ 35 centimètres de haut. C'est dans cette butte que se développeront les turions d'asperges. Les buttes sont ensuite enveloppées de bâches plastiques noires, blanches ou transparentes : c'est le paillage.

Les bâches noires protègent l'asperge de la lumière. Sans photosynthèse, l'asperge conserve sa blancheur. Les bâches blanches et transparentes permettent de réguler la température de la terre et, par là même, les rythmes de pousse.

PREMIÈRES RÉCOLTES EN AVRIL

Les premières asperges blanches d'Alsace pointent traditionnellement le bout de leur nez au début du mois d'avril. Elles poussent en effet dès que la terre atteint la température de 12 degrés. En général, il faut compter trois semaines entre la pose des bâches et la récolte des premiers turions.

JUSQU'À 10 CENTIMÈTRES PAR JOUR !

Une fois la saison lancée et surtout la terre réchauffée entre 18 et 20 degrés, l'asperge pousse en deux à trois jours. Avec des conditions météo optimales, la pousse journalière peut atteindre 10 centimètres et donner alors l'asperge la plus savoureuse qui soit.

RÉCOLTÉE À LA MAIN

L'asperge blanche d'Alsace est récoltée à la main quotidiennement. Une récolte manuelle qui garantit une sélection à la source et marque le début d'un parcours où la recherche de la qualité est permanente.

UNE COURTE SAISON

La saison de l'asperge dure environ soixante-dix jours. En début de saison, la récolte quotidienne est de 10 à 15 kilos par hectare. Mais ce chiffre peut être multiplié par dix quand les températures deviennent estivales.

LA MISE EN BEAUTÉ AVANT LES ÉTALS

Les asperges fraîchement récoltées sont trempées dans un bain d'eau froide pour être réhydratées et portées à une température de 10 à 15 degrés. Puis elles sont soigneusement lavées et calibrées, on leur coupe le talon et, pour finir, elles sont emballées en bottes de 500 grammes, de 1 kilo, en barquettes ou en vrac, pour être mises au frigo et refroidies à cœur, à une température inférieure à 4 degrés. L'ensemble du processus ne doit pas durer plus de douze heures, charte de qualité de l'Association pour la promotion de l'asperge d'Alsace oblige !

Tartines VOSGIENNES

Pour	Préparation	Cuisson	Difficulté	Coût
4 personnes	**20 minutes**	**15 minutes**	**Très facile**	**Bon marché**

INGRÉDIENTS

4 tranches de pain de campagne
200 g de munster
2 jaunes d'œufs
2 cuil. à soupe de crème fraîche
30 g de beurre
4 tranches de jambon cru
Graines de cumin ou de carvi
Poivre

1. Sortez le munster du réfrigérateur 30 min avant la préparation de l'appareil. Coupez-le en petits dés.
2. Préchauffez le four à 210 °C (th. 7).
3. Mélangez soigneusement les jaunes d'œufs, la crème et le munster dans un saladier jusqu'à obtenir une masse homogène. Poivrez.
4. Beurrez un côté des tranches de pain. Puis tartinez l'autre côté de la moitié du mélange au munster, posez dessus 1 tranche de jambon, et recouvrez avec le reste d'appareil au munster, en le lissant à la spatule.
5. Parsemez de graines de cumin ou de carvi.
6. Posez les tartines sur la plaque du four, enfournez pour 15 min, afin de les faire gratiner.

ASTUCE

Remplacez le jambon par des lardons fumés, et le munster par du géromé.

Œufs COCOTTE au chaource

Pour	Préparation	Cuisson	Difficulté	Coût
4 personnes	10 minutes	15 minutes	Facile	Bon marché

INGRÉDIENTS

4 œufs
8 tranches épaisses de chaource
4 cuil. à soupe de crème fraîche semi-épaisse
4 brins de ciboulette
Beurre
Poivre

LES INDISPENSABLES

4 ramequins

1. Préchauffez le four à 200 °C (th. 6-7). Beurrez les ramequins. Ciselez la ciboulette.
2. Déposez 1 cuil. à soupe de crème dans chaque ramequin.
3. Cassez 1 œuf dessus sans crever le jaune, poivrez, puis couvrez de 2 tranches de chaource.
4. Parsemez de ciboulette ciselée et enfournez pour 12 à 15 min.
5. Servez ces œufs en cocotte avec une salade de mâche.

ASTUCES

Posez une fine tranche de pain de mie sans la croûte au fond des ramequins avant de mettre la crème fraîche.

Ou bien ajoutez du saumon fumé, des lardons, une fondue de poireaux ou d'oignons...

Tartelettes de POMMES DE TERRE et brie de Meaux

Pour	Préparation	Cuisson	Difficulté	Coût
4 personnes	**25 minutes**	**20 minutes**	**Facile**	**Bon marché**

INGRÉDIENTS

1 pâte brisée
2 pommes de terre à chair ferme
200 g de brie de Meaux
2 œufs
15 cl de crème liquide
Beurre
Sel et poivre

LES INDISPENSABLES

4 moules à tartelettes
1 emporte-pièce rond de la taille des moules

1. Préchauffez le four à 220 °C (th. 7-8). Déroulez la pâte brisée et découpez-la en 4 disques avec l'emporte-pièce. Garnissez-en les moules à tartelettes beurrés.
2. Épluchez les pommes de terre et découpez-les en rondelles de 4 à 5 mm d'épaisseur. Faites-les cuire dans l'eau salée (départ à froid) pendant 15 min. Égouttez-les.
3. Battez les œufs avec la crème dans un saladier. Salez et poivrez. Répartissez les rondelles de pommes de terre sur le fond des tartelettes.
4. Découpez le brie en tranches de 3 mm d'épaisseur, en conservant la croûte, et disposez-les sur les pommes de terre. Recouvrez avec le mélange œufs-crème.
5. Enfournez pour 15 à 20 min, jusqu'à ce que les tartelettes soient bien dorées.
6. Servez très chaud, avec une salade de jeunes pousses bien croquantes.

ASTUCE

Ajoutez à l'appareil aux œufs de fines lamelles d'oignon dorées dans un peu de beurre.

Velouté DE POIREAUX à l'époisses

Pour	Préparation	Cuisson	Difficulté	Coût
4 personnes	**30 minutes**	**20 minutes**	**Facile**	**Bon marché**

INGRÉDIENTS

1 kg de poireaux
2 échalotes
50 g de beurre
1 citron
1 époisses
Sel et poivre

L'INDISPENSABLE

1 mixeur plongeant

1. Nettoyez les poireaux, retirez la première feuille et une partie du vert pour ne garder que le plus tendre, puis coupez-les en petits tronçons.
2. Pelez et ciselez les échalotes.
3. Prélevez le jus du citron.
4. Faites fondre 30 g de beurre dans un faitout, ajoutez les poireaux et les échalotes, puis laissez-les fondre à petit feu pendant 10 min, en remuant.
5. Arrosez avec le jus de citron et 1 l d'eau, salez, couvrez et laissez cuire 20 min à feu moyen.
6. Malaxez l'époisses à la fourchette avec le reste de beurre et ajoutez cette préparation dans le faitout.
7. Mixez longuement, jusqu'à obtenir un velouté bien lisse et crémeux. Poivrez.

ASTUCE

Diminuez la quantité de poireaux de moitié et remplacez-les par des pommes de terre pelées et coupées en petits dés que vous ajouterez à l'étape 5.

Tourte de la vallée de MUNSTER

Pour	Préparation	Repos	Cuisson	Difficulté	Coût
4 personnes	**20 minutes**	**10 minutes**	**1 heure**	**Facile**	**Bon marché**

INGRÉDIENTS

2 pâtes feuilletée
1 pain au lait
7 cl de lait
1 oignon
1 gousse d'ail
15 g de beurre (+ pour le moule)
600 g de porc haché (collet)
1 œuf + **1** jaune
10 cl de vin blanc d'Alsace
Noix muscade râpée
Sel et poivre

LES INDISPENSABLES

1 tourtière
1 pinceau de cuisine

1. Faites tremper le pain au lait coupé en petits morceaux 10 min dans le lait. Puis essorez-le rapidement à la main, mettez-le dans une assiette creuse et écrasez-le à la fourchette.
2. Pelez et émincez l'oignon et l'ail. Faites-les revenir dans 15 g de beurre, puis mélangez-les dans un saladier au hachis de viande, ajoutez 1 œuf, le vin blanc et le pain au lait écrasé. Salez, poivrez, ajoutez de la noix muscade et mélangez bien à la main.
3. Préchauffez le four à 200 °C (th. 6-7). Recouvrez la tourtière beurrée d'une pâte feuilletée, en la faisant déborder du plat.
4. Emplissez cette abaisse de farce. Relevez la pâte tout autour puis recouvrez avec la deuxième pâte feuilletée, tout en appuyant bien sur les bords des deux abaisses pour les souder ensemble.
5. Badigeonnez le dessus de jaune d'œuf au pinceau, puis pratiquez au centre un petit trou d'évaporation et faites des motifs de la pointe d'un couteau.
6. Enfournez pour 50 min à 1 h. Attendez 5 min après la sortie du four pour démouler la tourte sur le plat de service.

ASTUCE

Ajoutez du persil ou de l'estragon finement ciselé dans la farce.

BRIE
à la truffe

Pour	Préparation	Réfrigération	Difficulté	Coût
4 personnes	**10 minutes**	**72 heures**	**Très facile**	**Assez cher**

INGRÉDIENTS

250 g de brie à 60 % de M.G. bien froid
50 g de truffe

L'INDISPENSABLE

1 mandoline

1. Émincez la truffe à la mandoline en lamelles d'une épaisseur de 1 à 3 mm.
2. Coupez le brie en deux dans l'épaisseur.
3. Sur la partie du dessous, disposez les lamelles de truffe et recouvrez avec la seconde partie. Filmez l'ensemble et placez votre brie truffé au réfrigérateur de 48 à 72 h pour permettre à la truffe de développer ses arômes.
4. Sortez le fromage 3 h avant la dégustation pour qu'il soit à température ambiante.

ASTUCE

On peut préparer de la même façon d'autres fromages gras, comme le chaource. Dans ce cas, coupez le fromage en trois épaisseurs.

Sept FROMAGES sous signe de qualité

Appellation d'origine protégée (AOP), indication géographique protégée (IGP) et Label Rouge, autant de signes d'identification de la qualité et de l'origine (SIQO) qui ont permis de faire reconnaître, protéger et mieux valoriser le travail et les savoir-faire des producteurs, les territoires et la qualité de production de ces délicieux fromages du Grand Est.

LE BRIE DE MEAUX ET DE MELUN

Les bries de Meaux et de Melun (AOP) comptent, malgré leurs noms qui les rattachent à la Seine-et-Marne, pour des fromages du Grand Est, car leur zone de production s'étend jusqu'à la Meuse. Ces fromages au lait cru de vache, à pâte molle et croûte fleurie, sont tendres et fruités et doivent être affinés à cœur pour offrir un goût unique qui ravit les papilles.

LE CHAOURCE

Le chaource (AOP) est un fromage à pâte molle et croûte fleurie reconnaissable à sa croûte blanche et duveteuse. Fabriquée à partir de lait de vache entier, sa pâte fine et fondante exhale un arôme de crème et de champignons frais, ainsi qu'une touche légèrement salée. Il est produit dans la Champagne humide, à cheval entre le département de l'Aube et un département voisin du Grand Est, l'Yonne.

L'EMMENTAL GRAND CRU

L'emmental grand cru (Label Rouge), avec ses nombreux trous répartis de façon homogène dans sa pâte lisse, jaune et brillante, a des arômes fruités, une texture fondante et un goût frais. Produit dans le massif des Vosges, il est fabriqué avec du lait cru provenant de vaches nourries exclusivement à l'herbe et au foin dans les Vosges, en Haute-Marne et un peu en Franche-Comté également.

L'ÉPOISSES

L'époisses (AOP) est un fromage à pâte molle et croûte lisse ou légèrement ridée, de couleur ivoire orangé à rouge brique, selon son degré de maturité. 27 % des exploitations sont situées en Haute-Marne. Son goût est franc, subtil et équilibré, avec de légères notes de fruits secs, et procure une délicieuse sensation de crémeux.

LE LANGRES

Le langres (AOP) est un fromage au lait de vache, à pâte molle et croûte lavée de couleur jaune clair virant au brun-rouge. 80 % de l'alimentation des vaches laitières provient de la zone de production qui s'étend sur les départements de la Haute-Marne et de la Côte-d'Or ainsi que quelques communes des Vosges. Le signe distinctif du langres, c'est la fontaine, ou cuvette, au-dessus de sa croûte, qui se creuse au cours de l'affinage.

LE MUNSTER

Le munster (AOP) est un fromage à pâte molle et à croûte lavée fabriqué exclusivement avec du lait de vache. Il tire ses saveurs de la richesse et de la diversité de ses terroirs de part et d'autre des Vosges. Il se démarque par le contraste net entre son odeur puissante et sa pâte au goût doux, légèrement salé, avec des notes lactiques, végétales (foin, fruits matures, fruits à coque) et boisées.

LE SOUMAINTRAIN

Le soumaintrain (IGP), fromage à pâte molle et à croûte lavée à l'eau parfois salée produit aux confins de la Bourgogne et de la Champagne, se caractérise par sa jolie croûte jaune pâle à ocre, légèrement ridée et toujours un peu humide, sa saveur fondante, sa pâte couleur crème à orangé, son odeur complexe aux notes animales et un cœur lactique frais et doux. Il est exclusivement fabriqué avec du lait de vache entier, cru ou pasteurisé.

Salade au LARD

Pour	Préparation	Cuisson	Difficulté	Coût
4 personnes	**15 minutes**	**20 minutes**	**Facile**	**Bon marché**

INGRÉDIENTS

700 g de petites pommes de terre à chair ferme
1 poignée de pissenlits ou de salade frisée
200 g de lardons fumés
1 cuil. à soupe de vinaigre de vin
Sel et poivre

1. Faites cuire les pommes de terre sans les peler à l'eau salée (départ à froid) pendant 20 min.
2. Égouttez-les, pelez-les et coupez-les en rondelles.
3. Rincez et essorez les pissenlits.
4. Faites revenir les lardons à sec dans une poêle bien chaude. Réservez-les sur du papier absorbant. Ne rincez pas la poêle et déposez-y les pissenlits pour les faire juste « tomber » dans la graisse des lardons.
5. Ajoutez les rondelles de pommes de terre et faites-les dorer. Salez, poivrez, remettez les lardons dans la poêle, versez le vinaigre, laissez cuire encore quelques instants et servez aussitôt.

ASTUCE

Ajoutez un oignon finement émincé dans la poêle avec les lardons à l'étape 4.

Potage AUX LENTILLES *à l'alsacienne*

Pour	Préparation	Cuisson	Difficulté	Coût
4 personnes	**15 minutes**	**2 heures**	**Facile**	**Bon marché**

INGRÉDIENTS

150 g de lentilles
2 carottes
1 oignon
1 clou de girofle
1 branche de céleri
100 g de lard fumé
1 branchette de thym
1 feuille de laurier
2 brins de persil
4 saucisses de Strasbourg
Sel et poivre

1. Mettez les lentilles dans un faitout et couvrez-les d'eau froide. Portez à ébullition, puis égouttez les lentilles.
2. Pelez les carottes et l'oignon. Piquez l'oignon du clou de girofle et émincez les carottes. Coupez le céleri en petits tronçons.
3. Remettez les lentilles dans le faitout, couvrez-les à nouveau largement d'eau. Ajoutez le lard fumé, le céleri et les carottes émincés, l'oignon piqué du clou de girofle, le thym, le laurier, le persil, du sel et du poivre.
4. Couvrez et portez à ébullition, puis laissez mijoter 1 h 30.
5. Ajoutez les saucisses et laissez cuire encore 15 min.
6. Pour servir, découpez le lard en morceaux et les saucisses en rondelles.

ASTUCES

Garnissez les assiettes de petits croûtons et de pluches de cerfeuil.

Vous pouvez aussi servir ce potage mixé : retirez l'oignon piqué du clou de girofle, le thym et le laurier, passez les lentilles et les légumes prélevés avec une écumoire au mixeur, allongez-les avec le liquide de cuisson jusqu'à la consistance désirée. Ajoutez les morceaux de lard et de saucisses sur le dessus.

FLAMMEKUECHE

Pour	Préparation	Repos	Cuisson	Difficulté	Coût
6 personnes	**20 minutes**	**30 minutes**	**15 minutes**	**Facile**	**Bon marché**

INGRÉDIENTS

Pour la pâte :
250 g de farine
1 pincée de sel
15 cl d'eau tiède
2 cuil. à soupe d'huile d'olive

Pour la garniture :
1 oignon
200 g de fromage blanc
200 g de crème fraîche
200 g de lardons fumés
Sel et poivre

L'INDISPENSABLE

1 rouleau à pâtisserie

ASTUCE

Pour que l'oignon soit plus fondant, vous pouvez le précuire, jusqu'à ce qu'il soit translucide, dans un peu d'huile ou de beurre.

1. Préparez la pâte en mélangeant rapidement la farine, le sel, l'eau tiède et l'huile d'olive. Pétrissez jusqu'à obtenir une consistance homogène. Formez une boule, aplatissez-la du plat de la main, puis laissez-la reposer pendant environ 30 min.
2. Préchauffez le four à la température la plus élevée possible. Pelez et émincez finement l'oignon.
3. Étalez la pâte au rouleau sur une plaque de cuisson recouverte de papier cuisson. Étirez-la très finement pour obtenir une croûte croustillante.
4. Mélangez le fromage blanc et la crème fraîche dans un bol. Versez ce mélange sur la pâte.
5. Répartissez les lardons et l'oignon émincé dessus. Salez légèrement et poivrez.
6. Enfournez pour 10 à 15 min, jusqu'à ce que le bord de la pâte soit doré et croustillant.

LE SAVIEZ-VOUS ?

La flammekueche est appelée « tarte flambée », car, traditionnellement, les flammes du four à bois devaient venir « lécher » légèrement les bords, d'où cet aspect légèrement brûlé du tour.

PALLARES
SOLSONA

BROUILLADE aux truffes

Pour	Préparation	Réfrigération	Cuisson	Difficulté	Coût
6 personnes	**5 minutes**	**1 heure**	**15 minutes**	**Moyenne**	**Assez cher**

INGRÉDIENTS

10 œufs
60 g de truffe
40 g de beurre
10 cl de crème fraîche
Sel et poivre

LES INDISPENSABLES

1 fouet à main
1 terrine

1. Cassez les œufs dans une terrine et battez-les en omelette au fouet. Salez et poivrez, ajoutez le beurre en copeaux.
2. Coupez la truffe en lamelles. Mélangez-les aux œufs. Filmez et réservez au frais pendant au moins 1 h.
3. Placez la terrine au-dessus d'une casserole d'eau chaude sur feu moyen pour une cuisson au bain-marie. Laissez cuire sans cesser de battre au fouet. Quand les œufs commencent à épaissir, coupez le feu.
4. Retirez la terrine du bain-marie. Versez la crème fraîche. Remuez au fouet tant que la cuisson se poursuit hors du feu. Servez sans attendre.

ASTUCES

Présentez cette brouillade dans des verrines.

Ajoutez un trait de madère, qui se marie très bien avec le parfum des truffes.

LA TRUFFE *de Meuse*

Beaucoup ignorent encore qu'il existe des truffes au nord de la Loire, et encore plus qu'on puisse les cultiver dans des régions réputées froides. Pourtant, *Tuber mesentericum*, la truffe de Meuse, est bien originaire des forêts proches de Verdun, où elle se récolte du 1er septembre au 31 décembre.

UN ARÔME TRÈS PUISSANT

Très noire, avec des nuances chocolat et une surface assez lisse, elle a une odeur vraiment caractéristique, très forte et prononcée : phénolique et bitumineuse, surtout avant maturité, une odeur de terpène (de médicament, disent les gens qui la sentent pour la première fois !). Mais avec sa saveur très particulière, aux notes légèrement réglissées et arôme d'amande amère ou d'amande d'abricot à maturité, ce diamant noir mérite qu'on s'y attarde. Et si cette truffe ne joue pas dans la cour des favorites du fait de son parfum si intense, cette force en fait justement un champignon économique ! En effet, *Tuber mesentericum*, dont le prix est similaire à celui des plus populaires truffes noires, se consomme en quantité infiniment moindre, et donc parfume plus de plats à poids égal.

LA DISCRÈTE

Les truffes de Lorraine ne jouissent pas du prestige de celles du Périgord. Peu connue et donc moins populaire que ses cousines, la truffe de Meuse se fait discrète dans les commerces et sur les marchés. Pourtant elle mérite d'être elle aussi mise sous les projecteurs, et des gourmets contribuent à la faire connaître : elle a définitivement sa place dans les plus grands plats de la cuisine gastronomique.

UNE TRUFFE QUI S'APPRIVOISE

Longtemps rejetée par les chefs, qui prenaient peur face à son goût si prononcé, elle a depuis été apprivoisée. Et lorsqu'elle est utilisée avec parcimonie, elle parfume agréablement terrines et sauces diverses. En plus, lorsqu'elle est bien fraîche, elle résiste beaucoup mieux à la cuisson que nombre de ses cousines.

UN ENVIRONNEMENT PROPICE

La Meuse est à la limite du climat continental et, avec son sol calcaire et argileux, ses forêts riches en chênes, charmes et noisetiers, son altitude moyenne de 250 mètres, offre un environnement propice au développement de plusieurs espèces de truffes déjà connues de nos anciens – on évoque même une production de 3 000 kilos en 1869 ! Aujourd'hui, la recherche des truffes dans ces régions reste très confidentielle. Des chiffres ? Non, ici comme ailleurs, la truffe s'accommode bien du secret…

LE CAVAGE, UN TRAVAIL DÉLICAT

Souvent aidé de son chien truffier au flair imparable, l'exploitant d'une ferme truffière déterre les truffes à quelques centimètres de profondeur en les extrayant des racines de l'arbre truffier sans abîmer l'arbre ni trop casser les radicelles. Il doit aussi ménager le sol afin que le mycélium puisse produire d'autres truffes les années suivantes, et reboucher les trous qu'il a faits en « cavant » (creusant) avec la terre d'origine.

Soupe ARDENNAISE

Pour	Préparation	Trempage	Cuisson	Difficulté	Coût
4 personnes	**20 minutes**	**12 heures**	**1 heure**	**Facile**	**Bon marché**

INGRÉDIENTS

4 cuil. à soupe de haricots blancs secs
4 poireaux
1 branche de céleri
1 grosse pomme de terre
2 carottes
2 tranches de jambon fumé des Ardennes
3 gousses d'ail
1 bouquet garni (thym, laurier, persil)
1 bouquet de persil plat
2 cubes de bouillon de volaille
Piment de Cayenne doux en poudre
Sel et poivre

1. Mettez les haricots à tremper dans l'eau froide 12 h avant de commencer la recette. Égouttez-les.
2. Lavez et coupez les poireaux et le céleri en petits dés. Pelez la pomme de terre et les carottes, coupez-les en dés également.
3. Mettez le tout dans une cocotte avec les haricots, le jambon découenné et coupé en lanières, l'ail pelé et écrasé, le bouquet garni, du sel et du poivre.
4. Préparez 1,5 l de bouillon de volaille avec les cubes, versez-le dans la cocotte, couvrez et laissez mijoter 1 h sur feu doux. Rectifiez l'assaisonnement.
5. Parsemez de persil ciselé et saupoudrez de piment de Cayenne au moment de déguster.

ASTUCES

Servez cette soupe avec des croûtons frottés à l'ail et un filet d'huile d'olive.

Vous pouvez aussi ajouter de la ciboulette fraîche ciselée.

HARDAEPFEL SÙPP

Potage aux pommes de terre

Pour	Préparation	Cuisson	Difficulté	Coût
4 personnes	**20 minutes**	**40 minutes**	**Facile**	**Bon marché**

INGRÉDIENTS

750 g de pommes de terre
1 poireau
4 tiges de cerfeuil
4 tiges de persil
1 oignon
50 cl d'eau
2 cuil. à soupe de crème épaisse
Noix muscade râpée
30 g de beurre
Huile d'olive
Sel et poivre

L'INDISPENSABLE

1 moulin à légumes

1. Nettoyez et émincez le poireau. Épluchez et coupez les pommes de terre en fines rondelles. Ciselez le cerfeuil et le persil.
2. Épluchez et ciselez l'oignon, puis faites-le blondir à la cocotte dans 1 cuil. à soupe d'huile. Ajoutez le poireau émincé, salez et poivrez. Poursuivez la cuisson à petit feu 5 min.
3. Ajoutez les rondelles de pommes de terre dans la cocotte. Versez l'eau et amenez à ébullition, puis couvrez et laissez cuire 10 min.
4. Ajoutez 1 l d'eau, ainsi que le cerfeuil et le persil ciselés, laissez encore cuire à couvert et à feu moyen pendant 30 min.
5. Passez le potage au moulin à légumes, liez-le avec la crème, rectifiez l'assaisonnement, ajoutez de la noix muscade râpée et le beurre.
6. Servez bien chaud.

ASTUCES

Remplacez l'eau par du bouillon de volaille ou de légumes, le résultat n'en sera que meilleur.

Accompagnez ce potage de croûtons au beurre et à l'ail.

Ajoutez des saucisses de Strasbourg bien chaudes dans la soupière au moment de servir.

BOUNESCHLUPP

Soupe aux haricots verts

Pour	Préparation	Cuisson	Difficulté	Coût
4 personnes	**20 minutes**	**50 minutes**	**Facile**	**Bon marché**

INGRÉDIENTS

600 g de haricots verts
1 branche de céleri
2 carottes
6 pommes de terre
3 échalotes
30 g de beurre
200 g de lardons fumés
4 saucisses fumées (Mettwurst)
40 cl de fond de veau
Sel et poivre

L'INDISPENSABLE

1 mixeur plongeant

1. Coupez le céleri en dés, pelez les carottes et coupez-les en rondelles, éboutez les haricots et coupez-les en trois. Lavez les pommes de terre. Pelez et émincez les échalotes.
2. Faites fondre le beurre dans une cocotte et faites-y revenir les échalotes. Ajoutez les lardons, puis tous les légumes et les saucisses. Arrosez du fond de veau et laissez mijoter 40 min.
3. Retirez les saucisses et coupez-les en rondelles.
4. Mixez grossièrement la soupe (il doit rester des morceaux). Rectifiez l'assaisonnement.
5. Servez ce potage dans des assiettes creuses et ajoutez les morceaux de saucisses sur le dessus.

ASTUCE

Ajoutez 10 cl de crème fraîche au moment de mixer.

LE SAVIEZ-VOUS ?

La bouneschlupp, terme qui signifie « soupe aux haricots » en luxembourgeois, est un plat traditionnel de ce pays limitrophe de la région Grand Est. Et la Mettwurst est une saucisse fumée traditionnelle également de la charcuterie luxembourgeoise.

Crèmes brûlées AU FOIE GRAS

Pour	Préparation	Cuisson	Difficulté	Coût
4 personnes	**20 minutes**	**10 minutes**	**Facile**	**Assez cher**

INGRÉDIENTS

120 g de foie gras mi-cuit
10 cl de crème liquide
Cassonade
Mélange quatre-épices

LES INDISPENSABLES

1 robot mixeur
4 ramequins à crèmes brûlées
1 chalumeau de cuisine

ASTUCES

Présentez ces crèmes avec des « mouillettes » de pain d'épices toasté.

Si vous ne les consommez pas tout de suite, après l'étape 5, filmez et placez les crèmes brûlées au réfrigérateur.

1. Préchauffez le four à 110 °C (th. 3-4).
2. Coupez le foie gras en gros morceaux et mixez-le jusqu'à obtention d'une purée bien lisse. (Si le résultat n'est pas assez lisse, passez le foie à travers une passoire fine.)
3. Faites bouillir la crème liquide, puis laissez-la tiédir quelques minutes.
4. Incorporez la crème au foie gras, et mélangez jusqu'à l'obtention d'une crème homogène.
5. Répartissez la crème de foie gras dans les ramequins, enfournez pour 10 min, puis laissez refroidir les crèmes.
6. Saupoudrez les crèmes de cassonade et de 1 pincée de quatre-épices, et brûlez-les au chalumeau de cuisine (ou en les plaçant sous le gril du four à puissance maximale, en surveillant bien).
7. Laissez les crèmes reposer quelques instants, pour que leur surface durcisse et devienne bien croquante, avant de les servir.

Bouchées à LA REINE

Pour	Préparation	Cuisson	Difficulté	Coût
6 personnes	**40 minutes**	**1 h 30**	**Moyenne**	**Moyen**

INGRÉDIENTS

6 feuilletées de bouchées à la reine
1 oignon
2 clous de girofle
600 g d'épaule de veau
1 petite poule
1 carotte
1 bouquet garni (persil, thym, laurier)
1 l de bouillon de volaille
150 g de champignons de Paris
55 g de beurre
45 g de farine
15 cl de vin blanc sec d'Alsace
15 cl de lait
150 g de quenelle de veau
8 cl de crème fraîche épaisse
1 jaune d'œuf
Noix muscade râpée
Sel et poivre

LES INDISPENSABLES

1 écumoire
1 passoire fine
1 fouet à main

1. Pelez l'oignon et la carotte. Piquez l'oignon des clous de girofle.
2. Mettez l'épaule de veau, la poule, la carotte, l'oignon et le bouquet garni dans un grand faitout. Versez le bouillon, salez légèrement, et faites cuire à feu moyen et à couvert, en écumant de temps en temps, jusqu'à ce que les viandes soient bien tendres, soit environ 1 h 15.
3. Laissez refroidir un peu, retirez les viandes avec l'écumoire et déposez-les dans un grand saladier ; filtrez le bouillon dans la passoire et réservez-le.
4. Lavez, coupez en cubes et faites cuire les champignons dans 10 g de beurre.
5. Faites fondre le reste de beurre dans une grande casserole, ajoutez la farine, remuez au fouet pour bien l'incorporer, sans faire de grumeaux, laissez cuire 1 min puis ajoutez 70 cl de bouillon filtré. Mélangez bien au fouet, ajoutez le vin blanc et le lait, laissez cuire 10 min, en remuant régulièrement. La sauce doit épaissir.
6. Réchauffez les feuilletés au four, à 150 °C (th. 5), départ à froid. Mélangez la crème et le jaune d'œuf dans un bol.
7. Désossez la poule. Coupez la poule, l'épaule et les quenelles en petits cubes, plongez-les dans la sauce, ainsi que les champignons. Salez, poivrez et ajoutez de la muscade. Laissez le tout réchauffer 5 min. Ajoutez la crème et le jaune d'œuf battus dans la sauce, faites encore chauffer le tout quelques minutes, sans laisser bouillir.
8. Remplissez les feuilletés bien chauds, et servez le reste de garniture à côté, avec du riz, des nouilles ou des spaetzle, les pâtes alsaciennes.

ASTUCE

Pour une bouchée à la reine alsacienne plus rapide, utilisez des blancs de volaille et faites-les cuire en les pochant dans du bouillon. Ajoutez des restes de quasi ou d'épaule de veau rôti, par exemple.

Salade tiède de POMMES DE TERRE au cervelas

Pour	Préparation	Cuisson	Difficulté	Coût
4 personnes	20 minutes	15 minutes	Facile	Bon marché

INGRÉDIENTS

400 g de pommes de terre à chair ferme
125 g de cervelas
6 cornichons extrafins
6 brins de ciboulette
Sel et poivre

Pour la sauce :
3 cuil. à soupe de crème fraîche
1 cuil. à café de jus de citron
1 cuil. à café de câpres égouttées
Huile d'olive
1 cuil. à café de moutarde à l'ancienne

L'INDISPENSABLE

1 robot mixeur

1. Pelez les pommes de terre, coupez-les en cubes et mettez-les dans une casserole. Couvrez d'eau froide, salez et portez à frémissements, puis laissez cuire 15 min.
2. Pendant ce temps, préparez la sauce. Mettez dans le bol du robot la crème fraîche, le jus de citron, les câpres et un filet d'huile d'olive. Salez et poivrez, actionnez le mixeur par impulsions courtes, puis incorporez la moutarde à l'ancienne. Réservez cette sauce au frais.
3. Coupez le cervelas en tranches, puis en quartiers. Ciselez la ciboulette. Égouttez les pommes de terre.
4. Coupez finement les cornichons, puis mélangez-les dans un saladier avec les cubes de pommes de terre et les quartiers de cervelas.
5. Nappez la salade de sauce, parsemez de ciboulette ciselée et servez tiède, avec le reste de sauce à part.

ASTUCE

Choisissez impérativement des pommes de terre à chair ferme (charlotte, chérie…), pour ne pas obtenir une purée au cervelas !

Salade de BOUDINS BLANCS aux marrons

Pour	Préparation	Cuisson	Difficulté	Coût
4 personnes	**5 minutes**	**10 minutes**	**Facile**	**Moyen**

INGRÉDIENTS

4 boudins blancs
200 g de marrons cuits
20 g de beurre
1 salade verte de votre choix
3 cuil. à soupe d'huile d'olive
1 cuil. à soupe de vinaigre de vin
Sel et poivre

1. Coupez les boudins blancs en tranches de 1 cm, et faites-les dorer des deux côtés dans une poêle avec le beurre à feu moyen.
2. Ajoutez les marrons entiers ou coupés en petits morceaux aux boudins, remuez et laissez encore chauffer 5 min. Salez et poivrez.
3. Lavez la salade verte, recoupez les plus grandes feuilles et essorez-la, puis et assaisonnez-la avec l'huile, le vinaigre, du sel et du poivre.
4. Servez à l'assiette, en déposant du boudin aux marrons sur la salade.

ASTUCE

Ajoutez des cerneaux de noix concassés torréfiés à sec dans la salade.

Le BOUDIN *blanc*

Nature, aux oignons, forestier ou truffé, il est vendu tout au long de l'année dans les boucheries des Ardennes, mais c'est au moment des fêtes que cette spécialité gastronomique se retrouve sur toutes les tables !

À L'ORIGINE : UNE BOUILLIE

L'histoire du boudin blanc remonte au Moyen Âge. À cette époque, avant le repas de Noël, on avait l'habitude de manger une bouillie faite de lait, de mie de pain, de graisse et de fécule. Cette préparation pouvait être agrémentée de morceaux de volaille ou de jambon, selon la richesse des familles.
Au XVIIIe siècle, on retrouve cette spécialité charcutière cuisinée dans du boyau de porc pour qu'elle soit plus présentable et digne de figurer à la table lors du repas de Noël.

UN FLEURON DE LA CHARCUTERIE FINE !

La recette du boudin blanc s'est raffinée au fil du temps et fait aujourd'hui le bonheur des palais gourmands tout au long de l'année. Selon le code de la charcuterie française, ne peuvent entrer dans la composition du boudin blanc de base que : des viandes blanches, du gras, des œufs, du lait, de la crème, des sucres, du sel, des épices, des aromates et des farines ou des substances amylacées (contenant de l'amidon). Contrairement au boudin noir, le boudin blanc ne contient pas de sang.

À CHACUN SON BOUDIN

Chaque fabricant de charcuterie peut encore améliorer la recette en y ajoutant des échalotes, du thym, du persil, du laurier, du girofle, de la muscade, des oignons, des carottes, des châtaignes, de la truffe ou d'autres champignons forestiers, du foie gras ou des alcools comme le porto ou le madère – certains même de la cannelle ou du kirsch !
On trouve du boudin blanc dans divers pays, notamment en Irlande, en Allemagne et en Suisse, mais c'est en France qu'on dénombre le plus de variétés de boudins blancs ; chaque recette mettant à profit les saveurs de son terroir.

LE BOUDIN BLANC DE RETHEL

Considéré par beaucoup comme le meilleur boudin blanc du monde, c'est sans aucun doute l'un des plus fins. Il ne contient ni pain ni amidon. Il se compose d'épaule bien maigre et de poitrine de porcs premier choix élevés sur paille dans les alentours de Rethel – une technique qui permet de nourrir ces animaux à volonté et de s'assurer de la qualité de leur viande –, de lait non reconstitué, d'œufs frais, de sel, de poivre gris et de poivre blanc, d'échalotes, de boyau naturel et d'une dose de je-ne-sais-quoi qui fait toute la différence (une pointe de vanille ? Les secrets sont bien gardés, à Rethel !). Il n'y a pas non plus de conservateurs ni de farine ou autre substance amylacée dans le boudin de Rethel, c'est ce qui le rend si léger et fin en bouche.

Enveloppé dans du jambon des Ardennes et passé au four, il constitue un véritable plat de fête. Dans les Ardennes, on le glisse aussi dans des feuilletés et des tourtes. On trouve des variantes nature, champignons forestiers et truffes.

Ce boudin des plus goûteux dispose d'une indication géographique protégée (IGP) depuis 2001.

LA FOIRE AU BOUDIN BLANC

La Confrérie du boudin blanc de Rethel organise une foire au boudin blanc, qui se déroule le dernier week-end d'avril à Rethel. Cette manifestation est l'occasion pour les visiteurs de connaître la version rethéloise du boudin blanc. Les exposants proposent des séances de dégustation gratuite de boudin blanc, des recettes régionales et du vin. De nombreuses autres animations ont lieu durant cette foire : fête foraine, concerts de musique, danses, spectacles pour les enfants...

Salade de PISSENLITS aux lardons et œufs pochés

Pour	Préparation	Cuisson	Difficulté	Coût
4 personnes	**20 minutes**	**12 minutes**	**Facile**	**Bon marché**

INGRÉDIENTS

200 g de pissenlits
1 échalote
20 g de beurre
125 g de lardons fumés
Vinaigre blanc
4 œufs à température ambiante
2 cuil. à soupe de moutarde au miel
1 cuil. à soupe de vinaigre de cidre
3 cuil. à soupe d'huile d'olive
Sel et poivre

L'INDISPENSABLE

1 écumoire

1. Coupez le pied des pissenlits et lavez-les soigneusement, puis essorez-les.
2. Pelez l'échalote, émincez-la et faites-la blondir dans une poêle avec le beurre, ajoutez les lardons et faites sauter le tout 2 à 3 min. Couvrez pour maintenir au chaud.
3. Faites bouillir de l'eau dans une petite casserole avec un trait de vinaigre blanc. Cassez délicatement 1 œuf dans un bol et faites-le glisser dans l'eau frémissante. Laissez-le cuire 3 min, retirez-le avec l'écumoire et posez-le sur du papier absorbant. Faites de même pour les 3 autres œufs.
4. Fouettez la moutarde avec le vinaigre de cidre et l'huile. Salez et poivrez.
5. Déposez les pissenlits dans un plat creux, ajoutez les lardons et l'échalote, surmontez-les des œufs pochés, arrosez de vinaigrette et servez.

ASTUCES

Remplacez le vinaigre de cidre par du balsamique.

Ajoutez des croûtons.

PLATS GÉNÉREUX
pour petites et grandes occasions

Gratin d'endives AU JAMBON des Ardennes

Pour	Préparation	Cuisson	Difficulté	Coût
4 personnes	**20 minutes**	**25 minutes**	**Facile**	**Bon marché**

INGRÉDIENTS

4 endives
30 g de beurre
7 cl d'eau
4 tranches de jambon des Ardennes
85 g d'emmental râpé

Pour la béchamel :
50 g de beurre
35 g de farine
50 cl de lait demi-écrémé
3 cuil. à soupe de crème fraîche épaisse
Sel et poivre

1. Préchauffez le four à 180 °C (th. 6). Retirez la base dure des endives.
2. Mettez les 30 g de beurre à fondre dans une sauteuse, puis ajoutez les endives. Salez, poivrez et arrosez des 7 cl d'eau, puis laissez cuire à couvert pendant 20 min. Égouttez bien les endives, posez-les sur du papier absorbant.
3. Préparez la béchamel. Faites fondre le beurre dans une casserole et ajoutez la farine. Laissez cuire pendant quelques minutes, puis versez le lait progressivement, et laissez épaissir la béchamel en remuant sans cesse. Hors du feu, salez, poivrez et incorporez la crème fraîche.
4. Enveloppez chaque endive dans 1 tranche de jambon. Placez les endives au jambon côte à côte dans le plat à gratin, nappez-les de la béchamel et parsemez le tout d'emmental râpé.
5. Enfournez pour 25 min.

ASTUCES

Remplacez l'emmental par du comté.

Ajoutez de la noix muscade râpée dans la béchamel.

Parsemez votre gratin de noisettes concassées pour apporter une touche de croquant.

Ragoût de POMMES DE TERRE *aux herbes*

Pour	Préparation	Cuisson	Difficulté	Coût
4 personnes	**20 minutes**	**30 minutes**	**Facile**	**Bon marché**

INGRÉDIENTS

750 g de pommes de terre
1 oignon
2 gousses d'ail
1 cube de bouillon de volaille
30 g de beurre
1 cuil. à soupe d'huile d'olive
2 cuil. à soupe de farine
4 brins de persil
4 brins de ciboulette
Sel et poivre

1. Pelez les pommes de terre et coupez-les en cubes. Pelez et émincez l'oignon et l'ail. Préparez 50 cl de bouillon de volaille avec le cube. Ciselez le persil et la ciboulette.
2. Faites fondre le beurre dans une sauteuse avec l'huile, et faites-y revenir l'oignon et l'ail, puis ajoutez les pommes de terre.
3. Saupoudrez de la farine, mélangez. Arrosez du bouillon et laissez cuire à feu doux jusqu'à ce que les pommes de terre soient tendres, en remuant de temps en temps.
4. Parsemez le ragoût d'herbes ciselées et servez aussitôt.

ASTUCE

Ajoutez des carottes coupées en tout petits dés et des champignons de Paris, par exemple.

CHOUCROUTE alsacienne

Pour	Préparation	Cuisson	Difficulté	Coût
6 personnes	**30 minutes**	**2 heures**	**Facile**	**Moyen**

INGRÉDIENTS

1 kg de choucroute
400 g de lard fumé
500 g de palette de porc ou d'échine fumée
1 cuil. à soupe de saindoux
2 gousses d'ail
10 baies de genièvre
1 cuil. à café de carvi
1 cuil. à café de grains de poivre
1 feuille de laurier
2 brindilles de thym
1 oignon
2 clous de girofle
25 cl de riesling
8 pommes de terre
1 saucisse de Morteau ou **2** saucisses de Montbéliard
4 saucisses de Strasbourg ou knacks

LES INDISPENSABLES

1 faitout
1 écumoire

1. Versez la moitié de la choucroute dans un faitout. Posez dessus le lard fumé et la palette, puis recouvrez-les du reste de choucroute.
2. Ajoutez le saindoux, les gousses d'ail non pelées, les baies de genièvre, le carvi, le poivre, le laurier et le thym noué en bouquet, et enfin l'oignon piqué des clous de girofle.
3. Arrosez le tout du vin blanc, ajoutez de l'eau si la choucroute n'est pas couverte de liquide, et laissez cuire à couvert et à feu doux pendant 1 h.
4. Ajoutez les pommes de terre pelées et la saucisse de Morteau ou les montbéliards, et poursuivez la cuisson pendant 50 min.
5. Incorporez enfin les saucisses de Strasbourg, et poursuivez la cuisson encore 10 min.
6. Prélevez tous les ingrédients avec une écumoire et déposez-les sur un grand plat, en dressant la choucroute en dôme. Coupez les viandes et la saucisse de Montbéliard en tranches pour faciliter le service.
7. Accompagnez ce plat d'une moutarde douce d'Alsace Alélor, fine et onctueuse, et de raifort en pot pour les amateurs.

LE SAVIEZ-VOUS ?

Le plat idéal pour dresser la choucroute est un torpilleur, long plat en forme de proue de bateau que l'on peut poser directement sur un réchaud à alcool pour maintenir la choucroute au chaud.

ASTUCES

À Strasbourg, on remplace parfois le saindoux par de la graisse d'oie, et l'on ajoute un petit verre d'eau-de-vie (du kirsch de préférence) à la cuisson.

Vous pouvez ajouter du jarret de porc.

La CHOUCROUTE

Le terme choucroute est issu de l'allemand *Sauerkraut*, qui signifie « chou aigre », et il désigne aussi bien le chou fermenté de ce plat que le plat lui-même, l'un des préférés des Français, dit-on. On les comprend !

LA FERMENTATION, TOUT UN ART

L'art de la fermentation est une technique ancestrale qui permet de conserver les légumes tout en préservant les précieuses vitamines et les oligoéléments qu'ils contiennent.
Traditionnellement, la variété de chou employée est le quintal d'Alsace, finement émincé. On conserve la choucroute dans une grande jarre en terre cuite vernissée équipée d'une gouttière remplie d'eau qui empêche l'air d'entrer tout en laissant s'échapper les gaz.

UNE PRODUCTION LOCALE

Trente-cinq exploitations sont habilitées dans le Grand Est à produire du chou à choucroute sous signe d'identification de la qualité et de l'origine (SIQO), avec une surface de 83 hectares et une production de 3 700 tonnes de chou à choucroute Label Rouge.

La seule région Grand Est produit 85 % des volumes de chou à choucroute produits sur tout le territoire français.
Dix choucrouteries sont habilitées dans la région à fabriquer de la choucroute sous SIQO.

UNE CHOUCROUTE, DES CHOUCROUTES

• À côté de la strasbourgeoise figure **LA CHOUCROUTE LORRAINE**, qui se prépare en mélangeant des viandes demi-sel et fumées : jambonneau, poitrine, épaule, plat de côtes..., mais aussi saucisse à cuire fraîche et saucisse à cuire fumée. Elle est arrosée de bière blonde en plus du vin blanc – sylvaner, riesling ou pinot blanc de Lorraine – avant la cuisson.
• **LA CHOUCROUTE DITE « ROYALE »**, la champenoise, est pour sa part arrosée de champagne (mais aussi parfois de crémant brut).
• Mais on apprécie aussi beaucoup **LA CHOUCROUTE DE LA MER**, au seul haddock ou comportant également d'autres poissons, tels

qu'un poisson blanc et du saumon, et même des crevettes roses et des langoustines.

• Pour les jours de fête, pourquoi ne pas s'offrir une **CHOUCROUTE AU HOMARD** flambée au whisky, et une choucroute à l'oie rôtie pour Noël ?

• Et pour changer du chou, on peut préparer une **CHOUCROUTE AUX NAVETS** fermentés, autre spécialité d'Alsace, qui s'accommodent de la même façon que le chou fermenté.

LA KNACK QUI CRAQUE

La knack est la star des saucisses en Alsace. Elle tient son nom du bruit qu'elle fait lorsqu'on la croque, de l'allemand *Knacken*, qui signifie « cassure, fissure ». Cette préparation charcutière très ancienne remonte au XVIe siècle.

ET AVEC ÇA, QU'EST-CE QU'ON BOIT ?

Il y a deux écoles : les partisans du riesling, du sylvaner ou du pinot blanc, des vins blancs secs dont le côté fruité et minéral vient s'équilibrer avec la saveur aigre et l'acidité du chou ; et ceux de la bière blonde. Les deux se défendent très bien, du moment qu'ils sont servis bien frais et consommés avec modération !

LE SAVIEZ-VOUS ?

Il ne faut pas rincer le chou fermenté avant de le cuisiner, pour ne pas éliminer les précieux probiotiques, enzymes et minéraux qu'il contient et qui facilitent la digestion.

SPAETZLE à l'orange

Pour	Préparation	Cuisson	Difficulté	Coût
4 personnes	**20 minutes**	**8 minutes**	**Facile**	**Bon marché**

INGRÉDIENTS

400 g de spaetzle
1 orange
3 cuil. à soupe de noisettes
8 feuilles de sauge
40 g de beurre
1 cuil. à café de miel liquide
1 cuil. à café de poivre de Cayenne concassé
Sel

LES INDISPENSABLES

1 robot mixeur
1 râpe à spaetzle

1. Râpez finement le zeste de l'orange puis pressez-la.
2. Hachez grossièrement les noisettes, torréfiez-les à sec dans une poêle.
3. Faites croustiller les feuilles de sauge dans la moitié du beurre.
4. Ajoutez les spaetzle, le zeste et le jus de l'orange, le reste du beurre, le miel et le poivre de Cayenne. Mélangez. Laissez cuire 6 à 8 min et salez.
5. Dressez sur le plat de service, ajoutez les noisettes et les feuilles de sauge.

ASTUCE

Proposez une variante des spaetzle à la betterave rouge : à l'étape 1, pelez et coupez une grosse betterave rouge cuite en dés. Après l'étape 3, dans la même poêle et sans la rincer, saisissez les quartiers de betterave dans le reste du beurre.

Pâté LORRAIN

Pour	Préparation	Marinage	Cuisson	Difficulté	Coût
6 personnes	**15 minutes**	**24 heures**	**45 minutes**	**Facile**	**Bon marché**

INGRÉDIENTS

750 g de porc (dans le collet)
1 pâte brisée
1 pâte feuilletée
1 jaune d'œuf

Pour la marinade :
1 carotte
4 échalotes
1 pincée de noix muscade râpée
1 bouquet garni (thym, laurier, persil)
75 cl de vin rouge
Sel et poivre

LES INDISPENSABLES

1 moule à cake ou 1 terrine
1 écumoire
1 pinceau de cuisine

1. Pelez la carotte et les échalotes, puis émincez-les.
2. Coupez la viande en dés et mettez-la dans un saladier avec la carotte et les échalotes, la muscade, le bouquet garni, du sel et du poivre. Mélangez, arrosez du vin rouge, filmez et laissez mariner au réfrigérateur 24 h, en mélangeant de temps en temps.
3. Préchauffez le four à 190 °C (th. 6-7).
4. Tapissez le fond et les bords du moule à cake ou de la terrine de la pâte brisée.
5. Prélevez la viande à l'écumoire en l'égouttant bien au-dessus du saladier, et déposez-la dans le moule.
6. Recouvrez de la pâte feuilletée, soudez les bords avec ceux de la pâte brisée, faites une petite cheminée au centre et des croisillons décoratifs sur la pâte, badigeonnez-la de jaune d'œuf au pinceau.
7. Enfournez pour 45 min.

ASTUCES

Servez ce pâté lorrain avec une salade de mâche à l'huile de noix agrémentée de cerneaux de noix concassés torréfiés à sec dans une poêle.

On peut aussi préparer cette recette avec deux viandes : moitié noix de veau, moitié échine de porc.

Vous pouvez ajoutez à la préparation des herbes aromatiques de votre choix.

POTÉE *lorraine*

Pour	Préparation	Dessalage	Cuisson	Difficulté	Coût
6 personnes	**25 minutes**	**2 heures**	**2 h 30**	**Facile**	**Bon marché**

INGRÉDIENTS

1 kg de palette de porc demi-sel
250 g de haricots blancs secs
1 oignon blanc
1 clou de girofle
250 g de lard fumé
2 saucisses de Morteau
1 bouquet garni
1 chou frisé vert
6 pommes de terre
4 navets
2 poireaux
4 carottes
Sel et poivre

LES INDISPENSABLES

1 grande cocotte (en fonte si possible)
1 écumoire

1. Dessalez la palette de porc demi-sel en l'immergeant dans un grand récipient rempli d'eau froide pendant 2 h, et changez l'eau au bout de 1 h.
2. Rincez et égouttez les haricots blancs. Pelez l'oignon blanc et piquez-le du clou de girofle.
3. Mettez la palette de porc dessalée ainsi que le lard fumé dans la cocotte. Ajoutez l'oignon piqué du clou de girofle, le bouquet garni, les haricots blancs. Couvrez d'eau froide et portez à ébullition à feu moyen.
4. Écumez la surface, puis laissez encore cuire à feu doux pendant 1 h 30.
5. Pendant ce temps, préparez les légumes. Lavez et coupez les feuilles de chou en lanières, pelez et coupez les pommes de terre et les navets en dés, lavez les poireaux, retirez la première feuille et une partie du vert, et coupez-les en rondelles. Épluchez et coupez les carottes en rondelles.
6. Au bout de 1 h 30, ajoutez les légumes dans la cocotte et prolongez la cuisson 1 h.
7. Trente minutes avant la fin de la cuisson de la potée, mettez les saucisses de Morteau dans une casserole et couvrez-les d'eau froide, puis faites-les cuire pendant 30 min à petit feu, sans porter à ébullition.
8. Prélevez la viande et les légumes de la potée à l'écumoire, et conservez le bouillon de cuisson.
9. Disposez les légumes dans un plat creux, coupez les viandes et les saucisses en tranches et posez-les sur les légumes. Arrosez votre plat de bouillon et servez bien chaud.

ASTUCES

Ce plat gourmand et savoureux pourra s'accompagner d'un vin rouge type pinot noir ou d'un blanc comme le riesling.

On peut aussi préparer cette recette avec deux viandes : moitié noix de veau, moitié échine de porc.

Andouillettes DE TROYES à la crème et moutarde

Pour	Préparation	Cuisson	Difficulté	Coût
4 personnes	**5 minutes**	**20 minutes**	**Très facile**	**Bon marché**

INGRÉDIENTS

4 andouillettes de Troyes
1 échalote
15 g de beurre
20 cl de crème fraîche
1 cuil. à soupe de moutarde forte ou à l'ancienne
Sel et poivre

1. Pelez et émincez l'échalote.
2. Faites fondre le beurre dans une poêle et faites revenir les andouillettes avec l'échalote à feu doux pendant 15 min, en remuant régulièrement et en retournant les andouillettes pour qu'elles soient bien dorées partout. Coupez le feu et couvrez la poêle.
3. Mélangez la crème fraîche et la moutarde dans un bol. Salez légèrement et poivrez.
4. Versez ce mélange dans la poêle, et reprenez la cuisson 5 min à feu très doux, en retournant les andouillettes dans la sauce.

ASTUCES

La cuisson à feu doux permet aux andouillettes de ne pas éclater.

Accompagnez ces andouillettes de pommes de terre (sautées, cuites en papillote...).

Ajoutez du persil ciselé juste avant de servir.

Gratin D'ANDOUILLETTES *au chaource*

Pour	Préparation	Cuisson	Difficulté	Coût
4 personnes	**20 minutes**	**20 minutes**	**Facile**	**Moyen**

INGRÉDIENTS

4 andouillettes de Troyes
1 chaource
4 échalotes
30 g de beurre
½ bouteille de champagne
20 cl de crème fraîche
Sel et poivre

1. Pelez et émincez les échalotes. Faites fondre le beurre dans une sauteuse, et faites dorer les andouillettes sur toutes les faces à feu doux.
2. Retirez-les de la sauteuse et réservez-les au chaud et à couvert. Préchauffez le four à 200 °C (th. 6-7). Coupez le chaource en 4 rondelles.
3. Faites revenir les échalotes émincées dans la même poêle, en les roulant dans le jus de cuisson des andouillettes. Quand elles commencent légèrement à dorer (elles ne doivent pas brunir), incorporez le champagne.
4. Laissez réduire de moitié à feu vif, puis réduisez le feu et ajoutez la crème fraîche. Mélangez bien, remettez les andouillettes dans la poêle et laissez mijoter à petit feu 7 à 8 min.
5. Mettez les andouillettes côte à côte dans un plat à gratin, nappez-les de la sauce et posez 1 rondelle de chaource sur chaque pièce.
6. Enfournez pour 5 min au centre du four, puis passez en position gril, remontez la grille du four et faites gratiner le fromage quelques minutes.

L'ANDOUILLETTE de Troyes

D'aucuns iraient, dit-on, à genoux jusqu'à Troyes pour déguster cette exception française, pur produit de l'Hexagone et star de nos bistrots : une andouillette artisanale tirée à la ficelle.

NÉE À TROYES

S'il existe plusieurs villes dont la spécialité est l'andouillette, Troyes peut s'en prétendre la capitale, et fort probablement aussi le lieu de naissance, car cette fameuse charcuterie y est mentionnée dans la littérature dès le XVIe siècle. La réputation des tripiers aubois s'établit au fil du temps, et l'andouillette de Troyes commença alors à faire fréquemment le voyage vers Paris, qu'elle conquit rapidement. Sa réputation était faite.

RIEN QUE DU PORC

L'andouillette de Troyes s'élabore exclusivement avec de la viande de porc marinée et assaisonnée, puis embossée dans des chaudins (des boyaux). Elle est généralement « tirée à la ficelle », c'est-à-dire introduite dans le boyau par une ficelle que l'on passe à l'intérieur. Elle cuit au moins cinq heures dans un bouillon aromatisé, sans dépasser 90 degrés. On la dit « véritable » quand elle vient de Troyes et de sa région et qu'elle a été confectionnée selon l'usage, mais il n'existe pas, à ce jour, d'IGP pour la protéger.

LES 5A

L'Association amicale des amateurs d'andouillette authentique (5A ou AAAAA) est un club de bons vivants, appartenant ou non aux métiers de bouche, dont les membres sont les garants du label obtenu à l'issue de dégustations régulières. Lors de sa création, dans les années 1960, le célèbre chroniqueur du journal *Le Monde* Robert Courtine, alias La Reynière, faisait partie des premiers membres. Le label 5A est accordé pour deux ans sur des critères de goût, et non de conformité à un cahier des charges.

LES MODES DE CUISSON

• **AU FOUR :** 15 minutes à 200 °C (th. 6-7), puis 3 minutes sous le gril pour bien la dorer.
En gratin : alternez des tranches de pommes de terre cuites, des tranches d'andouillette et des tranches d'emmental grand cru dans un plat à gratin beurré. Enfournez pour 20 minutes à 180 °C (th. 6).
• **POCHÉE :** 20 minutes dans un bouillon de légumes parfumé ou du vin rouge, avec laurier, clous de girofle, sel et poivre.
• **À LA POÊLE :** 10 minutes dans un peu de beurre, sur feu assez doux et sur toutes les faces.
Faites fondre 1 échalote émincée dans les sucs de cuisson, ajoutez un peu de moutarde et de crème fraîche, sel et poivre.
• **AU FEU DE BOIS :** 5 minutes à braises vives, en la retournant régulièrement, puis 10 minutes à feu doux, pour une cuisson à cœur. Pour accompagner la dégustation, posez sur la table de la moutarde fine et en grains.

ACCORD METS-VIN

Pour accorder l'andouillette de Troyes avec un vin de la même région, on peut opter pour un vin blanc plutôt jeune du vignoble champenois, comme un bon champagne blanc, un coteaux-champenois blanc, un coteaux-de-coiffy blanc ou encore un haute-marne blanc.

BIBELESKAES et ses rösti

Pour	Préparation	Cuisson	Difficulté	Coût
4 personnes	**15 minutes**	**7 minutes**	**Facile**	**Bon marché**

INGRÉDIENTS

300 g de Bibeleskaes (fromage blanc onctueux alsacien)
2 cuil. à soupe de ciboulette ciselée
8 pommes de terre à chair ferme
2 oignons
6 brins de persil
3 œufs
3 cuil. à soupe de farine
20 g de beurre
2 cuil. à soupe d'huile d'olive
Sel et poivre

L'INDISPENSABLE

1 râpe ou 1 robot ménager

1. Préparez le fromage blanc en le mélangeant avec la ciboulette ciselée, un peu de sel et du poivre. Mettez-le au frais.
2. Épluchez les pommes de terre, lavez-les et râpez-les à la main ou au robot. Essuyez-les dans un torchon afin d'éliminer le maximum d'eau. Mettez-les dans un grand saladier.
3. Épluchez les oignons et râpez-les également. Ajoutez-les dans le saladier et mélangez bien. Ciselez le persil et ajoutez-le également.
4. Incorporez les œufs et la farine. Salez et poivrez à votre convenance. Mélangez bien le tout afin d'obtenir une préparation homogène.
5. Versez l'huile d'olive et le beurre dans une poêle et faites chauffer à feu moyen. Lorsque les matières grasses sont bien fondues, déposez dans la poêle des petits tas de préparation pressés entre vos mains. Faites chauffer 4 min, puis retournez les rösti. Poursuivez la cuisson pendant 3 min. Déposez-les sur une assiette couverte de papier absorbant, et renouvelez l'opération jusqu'à épuisement des ingrédients.
6. Servez les rösti bien chauds, avec le fromage blanc aux herbes.

ASTUCES

Selon vos envies et la saison, réalisez ces rösti avec d'autres légumes. Mélangez pommes de terre, carottes, oignons et courgettes, par exemple.

Les rösti se dégustent aussi avec du munster au cumin.

LE SAVIEZ-VOUS ?

Les rösti sont typiques de la Suisse alémanique, et leur importance culturelle est avérée puisque l'on parle de « barrière de rösti » pour souligner les différences de mentalités entre la Suisse romande et la Suisse alémanique.

Autrefois, à la campagne, le repas du soir était souvent composé de pommes de terre bouillies accompagnées de fromage et de vin cuit. On épluchait alors le restant de pommes de terre pour les rösti du lendemain matin. Et c'est ainsi que ces galettes de pommes de terre remplacèrent les bouillies servies habituellement au petit déjeuner. C'est donc accompagnés de café au lait que les rösti gagnèrent le cœur des Helvètes !

PALETTE
à la diable

Pour	Préparation	Cuisson	Difficulté	Coût
6 personnes	**10 minutes**	**1 h 30**	**Facile**	**Bon marché**

INGRÉDIENTS

1 palette de porc ficelée
4 cuil. à soupe de moutarde forte
1 cuil. à soupe de graines de moutarde
30 cl de bière blonde
1 feuille de laurier
30 cl de crème fleurette
2 pincées de noix muscade râpée
Beurre ou huile pour le plat
Sel et poivre

L'INDISPENSABLE

1 plat à gratin

1. Préchauffez le four à 180 °C (th. 6). Graissez le plat à gratin.
2. Posez la palette dans le plat à gratin et badigeonnez-la généreusement de moutarde. Parsemez-la de graines de moutarde. Arrosez de la bière. Posez la feuille de laurier dessus. Poivrez.
3. Enfournez pour 1 h 30, en arrosant régulièrement la viande de son jus de cuisson.
4. Une fois que la viande est bien colorée, si le temps de cuisson n'est pas arrivé à son terme, couvrez-la d'une feuille d'aluminium.
5. Après cuisson, réservez la viande au chaud. Versez la crème fleurette dans le plat. Ajoutez la noix muscade, salez, poivrez, et mélangez en décollant bien les sucs de cuisson du fond du plat. Tranchez la palette et nappez-la de cette sauce.

ASTUCES

Servez cette palette avec une purée de pommes de terre ou des tagliatelles fraîches.

Ajoutez des oignons émincés, que vous placerez sur le fond du plat avant d'y déposer la palette.

BAECKEOFFE

Pour	Préparation	Marinage	Cuisson	Difficulté	Coût
6 personnes	**30 minutes**	**12 heures**	**3 heures**	**Facile**	**Moyen**

INGRÉDIENTS

400 g d'échine de porc
400 g d'épaule d'agneau désossée
400 g de poitrine de bœuf
2 carottes
2 gros oignons
3 gousses d'ail
2 poireaux
50 cl de riesling sec
1 bouquet garni (3 brins de persil, 3 branchettes de thym et 3 feuilles de laurier)
800 g de pommes de terre
Sel et poivre

L'INDISPENSABLE

1 grande terrine avec son couvercle

1. La veille au soir, coupez les viandes en cubes de 3 cm. Pelez les carottes et les oignons, et coupez-les en fines rondelles. Pelez l'ail et coupez-le en dés, prélevez le blanc des poireaux et coupez-le en rondelles.
2. Mettez le tout dans un grand saladier. Versez le vin dessus, ajoutez le bouquet garni, couvrez et laissez mariner au réfrigérateur toute la nuit.
3. Sortez le saladier du réfrigérateur 2 h avant la suite de la préparation. Égouttez séparément la viande, les légumes et le bouquet garni, en récupérant la marinade. Filtrez la marinade.
4. Préchauffez le four à 180 °C (th. 6).
5. Pelez les pommes de terre et coupez-les en fines tranches. Chemisez le fond et les côtés de la terrine des deux tiers des tranches de pommes de terre. Déposez au centre successivement la viande, les légumes, le bouquet garni et la marinade, salez et poivrez généreusement. Recouvrez d'une couche de tranches de pommes de terre. Mettez le couvercle sur la terrine et enfournez pour 3 h.

LE SAVIEZ-VOUS ?

Jadis, le baeckeoffe (qui veut dire « four à pain » ou « four du boulanger ») était un plat que seuls les Alsaciens aisés avaient la chance de déguster, car il comporte trois viandes. Les ménagères le préparaient la veille et le déposaient le dimanche matin chez le boulanger du village, qui le faisait cuire pendant la messe.

Les plats à baeckeoffe traditionnels, peints à la main, font le bonheur des touristes se rendant en Alsace.

KÄSEKNEPFLE

Pour	Préparation	Cuisson	Difficulté	Coût
4 personnes	**30 minutes**	**20 minutes**	**Facile**	**Bon marché**

INGRÉDIENTS

Pour la pâte à Käseknepfle :
250 g de fromage blanc
250 g de farine
3 œufs
1 cuil. à soupe de persil ou de ciboulette
Sel et poivre

Pour la cuisson et la garniture :
50 g de beurre
4 tranches de pain
125 g de lardons fumés
4 cuil. à soupe de crème fraîche épaisse
Ciboulette ciselée

L'INDISPENSABLE

1 écumoire

ASTUCE

Remplacez la crème par de la sauce tomate.

1. Ciselez le persil ou la ciboulette.
2. Préparez la pâte. Versez tous les ingrédients de la pâte dans un saladier et mélangez jusqu'à l'obtention d'une pâte lisse et homogène. Salez et poivrez.
3. Faites bouillir de l'eau salée dans une grande casserole. À ébullition, prélevez un morceau de pâte à la petite cuillère et détachez-le à l'aide d'une seconde petite cuillère pour le faire glisser dans l'eau bouillante.
4. Réitérez l'opération jusqu'à épuisement de la pâte. Les Käseknepfle sont cuits quand ils remontent à la surface ; prélevez-les au fur et à mesure avec l'écumoire et placez-les dans une passoire. Puis passez-les sous un filet d'eau froide.
5. Faites fondre 20 g de beurre dans une poêle et faites dorer les Käseknepfle pendant quelques minutes pour qu'ils deviennent croustillants.
6. Découpez les tranches de pain en cubes et faites-les dorer dans le reste du beurre. Faites griller les lardons à sec puis déposez-les sur du papier absorbant.
7. Répartissez les Käseknepfle dans les assiettes, parsemez-les de lardons et de croûtons. Déposez au centre de l'assiette 1 cuil. à soupe de crème fraîche et parsemez de ciboulette ciselée.

TRUITE sauce crémeuse au vinaigre de Reims et pleurotes

Pour	Préparation	Cuisson	Difficulté	Coût
4 personnes	**30 minutes**	**35 minutes**	**Facile**	**Moyen**

INGRÉDIENTS

4 truites vidées et grattées
300 g de pleurotes
3 échalotes
10 cl de vinaigre de Reims
10 cl de vin blanc sec d'Alsace
30 g de beurre (+ pour le plat)
20 cl de crème fraîche
6 brins de persil
Sel et poivre

LES INDISPENSABLES

1 grand plat à gratin
1 pinceau de cuisine
1 passoire fine
1 fouet à main

ASTUCE

Choisissez de préférence de jeunes pleurotes, car ce champignon à la chair savoureuse lorsqu'il est jeune a tendance à durcir en vieillissant.

1. Préchauffez le four à 210 °C (th. 7). Pelez et émincez les échalotes. Ciselez le persil.
2. Beurrez le plat à gratin, ajoutez 2 échalotes ciselées, versez le vinaigre de Reims et le vin blanc. Posez les poissons dessus. Salez et poivrez. Enfournez pour 20 à 25 min.
3. Pendant ce temps, coupez la base du pied des pleurotes et nettoyez-les au pinceau. Fendez les plus grosses en deux, afin d'obtenir des morceaux de taille régulière pour une cuisson uniforme.
4. Faites fondre le beurre dans une grande sauteuse jusqu'à ce qu'il prenne une couleur noisette, et saisissez les pleurotes 5 min à feu assez vif, en remuant régulièrement. Puis ajoutez la dernière échalote ciselée et poursuivez la cuisson 7 à 8 min à feu moyen.
5. À la fin de la cuisson des poissons, ôtez les truites du plat, placez-les sur un plat de service, au chaud.
6. Filtrez le jus de cuisson à travers la passoire fine, en grattant bien tous les sucs, et versez-le dans une casserole. Portez-le à ébullition, ajoutez la crème fraîche au fouet, laissez épaissir.
7. Servez les truites nappées de leur sauce avec les pleurotes, et parsemez du persil ciselé.

Le vinaigre DE REIMS

L'incomparable vinaigre de Reims – une marque déposée par Charbonneaux-Brabant – est un vinaigre de Champagne-Ardenne vieilli douze mois minimum en fûts de chêne. Il se fabrique de façon traditionnelle, artisanalement, un long procédé devenu rare qui en fait toute la richesse.

DANS L'ANTIQUITÉ DÉJÀ…

Ce « vin aigre » dont parlent les Anciens nourrit la petite histoire de l'humanité. Il se fabriquait déjà du vinaigre il y a plus de 5 000 ans en Égypte et en Mésopotamie, et l'on sait qu'allongé d'eau il était la boisson des légionnaires. Cependant, il fallut attendre le XIXe siècle et les travaux sur les micro-organismes de Pasteur pour comprendre le phénomène de l'acétification.

AVEC QUOI ?

Les matières premières les plus diverses servent à la fabrication du vinaigre : vin, alcool éthylique (vinaigre blanc), cidre, canne à sucre, malt, vin de palme, dattes, oranges, bananes, riz, lait de coco… Tous les aliments susceptibles de produire une fermentation alcoolique peuvent être utilisés. Toutefois, le vin et le cidre sont les meilleurs éléments de base.

LES VINAIGRES DE CHAMPAGNE

Les vinaigres de vin rouge et de vin blanc existent en Champagne depuis l'apparition de la vigne dans cette région, avec l'arrivée des Romains. Au XVIIIe siècle, les vinaigreries rémoises étaient nombreuses, et elles atteignirent leur apogée au XIXe siècle, avant qu'elles ne déclinent pour quasiment disparaître dans la seconde moitié du XXe siècle.

LE VINAIGRE DE REIMS : UN SYMBOLE DE L'ART CULINAIRE FRANÇAIS

Associé depuis de nombreux siècles aux vins de Champagne, le vinaigre de Reims est exclusivement élaboré à partir des vins issus des cépages chardonnay, pinot noir et pinot meunier. Il est vieilli durant un à six ans dans des fûts de chêne, ce qui lui donne sa couleur ambrée, sa finesse et son bouquet boisé si uniques. Il atteint 7 degrés d'acide acétique. La fabrication artisanale lui permet également de conserver toutes les vitamines et nutriments qu'il contient. Il est aujourd'hui plébiscité par les grands chefs pour élaborer des recettes aussi gourmandes que raffinées.

UNE PERLE RARE... MAIS FRAGILE

Même s'il ne périme pas, il est important de l'utiliser avec beaucoup de précautions et de le mettre à l'abri de la lumière pour ne pas détruire son goût délicieux. Il convient très bien pour assaisonner les salades croquantes, dans les marinades de viande et de gibier, mais aussi de poisson, pour cuisiner le beurre blanc, la sauce hollandaise et la béarnaise, pour pocher des poires...

LE SAVIEZ-VOUS ?

Parmi les versions qui expliquent le surnom de « cornichons » donné aux Rémois, la plus simple et sans doute la plus plausible est que les vignerons champenois écoulaient leurs excédents de vins dans les vinaigreries de Reims, qui produisaient aussi de la moutarde et des cornichons en bocaux. Les vignerons des alentours appelaient ainsi les ouvriers vinaigriers les « cornichons », et par extension, tous les Rémois !

POTÉE *champenoise*

Pour	Trempage	Préparation	Cuisson	Difficulté	Coût
6 personnes	**12 heures**	**30 minutes**	**3 h 15**	**Facile**	**Moyen**

INGRÉDIENTS

250 g de haricots blancs secs
1 palette de porc demi-sel
1 jarret de porc demi-sel
500 g de poitrine de porc demi-sel
1 oignon
2 clous de girofle
1 bouquet garni (persil, thym, laurier)
1 chou vert
6 navets
6 pommes de terre
1 saucisse de Morteau
Sel et poivre

1. Faites tremper les haricots blancs dans l'eau froide pendant 12 h.
2. Faites dessaler la palette et le jarret dans l'eau froide pendant 30 min. Mettez-les dans un grand faitout. Couvrez-les d'eau, poivrez et portez à ébullition, puis laissez cuire 15 min à petits frémissements, en écumant régulièrement.
3. Coupez la poitrine de porc en 6 tranches. Pelez l'oignon et piquez-le des clous de girofle. Ajoutez les tranches de poitrine, l'oignon et le bouquet garni dans le faitout. Laissez cuire 2 h. Puis ajoutez les haricots blancs et poursuivez la cuisson 1 h.
4. Pendant ce temps, lavez, parez le chou et coupez-le en quartiers. Faites-le blanchir 5 min dans l'eau bouillante salée. Égouttez-le.
5. Pelez les navets et les pommes de terre, rincez-les et réservez-les dans l'eau froide pour qu'ils ne noircissent pas.
6. Trente minutes avant la fin de la cuisson de la potée, ajoutez le chou, les navets, les pommes de terre et la saucisse de Morteau dans le faitout. Salez si nécessaire, et poivrez.

ASTUCES

Vous pouvez ajouter des carottes, des poireaux et du céleri-rave dans cette potée.

Concernant les viandes, on peut aussi choisir de préparer cette potée avec du saucisson à l'ail, des saucisses de Strasbourg, une tranche épaisse de jambon fumé…

Fondue CHAMPENOISE au langres

Pour	Préparation	Difficulté	Coût
6 personnes	**10 minutes**	**Très facile**	**Moyen**

INGRÉDIENTS

1,5 kg de langres
550 g de chaource
50 cl de chardonnay
75 cl de crème liquide
1 pincée de poivre blanc
1 cuil. à soupe de fécule de maïs
Pain

L'INDISPENSABLE

1 appareil à fondue avec son caquelon

1. Faites fondre les fromages avec le vin blanc et la crème.
2. Mixez le tout. Liez avec la fécule.
3. Coupez le pain en morceaux.
4. Versez la fondue dans un caquelon et maintenez-la au chaud au centre de la table.
5. Servez cette fondue champenoise avec une salade verte et un assortiment de charcuteries de la région.

ASTUCE

Proposez plusieurs sortes de pain : baguette tradition, pain de campagne, aux céréales, complet…

CACASSE à cul nu

Pour	Préparation	Cuisson	Difficulté	Coût
4 personnes	**15 minutes**	**50 minutes**	**Facile**	**Bon marché**

INGRÉDIENTS

1 kg de pommes de terre longues à chair ferme
2 oignons
4 belles tranches de lard maigre
4 cuil. à soupe d'huile ou du saindoux
2 cuil. à soupe de farine
3 gousses d'ail
1 bouquet garni (thym, laurier, persil) + persil pour la garniture
Sel et poivre

L'INDISPENSABLE

1 cocotte en fonte

LE SAVIEZ-VOUS ?

« À cul nu » signifie « sans viande », et la cocotte servant à la préparation était à l'origine uniquement frottée avec une barde de lard afin de parfumer les pommes de terre lors de la cuisson.

1. Pelez les pommes de terre et les oignons. Coupez les oignons en rondelles.
2. Faites revenir à feu moyen les tranches de lard dans la cocotte en fonte, sans ajouter de matière grasse. Lorsque le lard est doré, retirez-le et réservez-le sur du papier absorbant.
3. Versez 3 cuil. à soupe d'huile dans la cocotte et augmentez le feu. Faites rôtir les pommes de terre entières ou coupées en deux. Lorsque celles-ci sont bien dorées, retirez-les de la cocotte et réservez-les dans un saladier.
4. Mettez les oignons dans la cocotte, ajoutez le reste d'huile et faites blondir les oignons à feu moyen.
5. Ajoutez la farine et faites un roux en grattant bien le fond de la cocotte.
6. Remettez les pommes de terre, mouillez d'eau pour juste les couvrir. Ajoutez les gousses d'ail pelées et le bouquet garni, salez et poivrez.
7. Laissez cuire à feu doux pendant 45 min, puis remettez les tranches de lard dans la cocotte 3 min, le temps de les réchauffer.
8. Juste avant de servir, parsemez votre cacasse de persil frais ciselé et rectifiez l'assaisonnement.

Une recette de la Confrérie de la cacasse à cul nu.

ENVIES GOURMANDES

et succulentes

TARTE
au sucre

Pour	Préparation	Repos	Cuisson	Difficulté	Coût
6 personnes	**15 minutes**	**2 heures**	**20 minutes**	**Très facile**	**Bon marché**

INGRÉDIENTS

10 cl de lait
65 g de sucre en poudre
25 g de levure de boulanger
4 œufs
310 g de farine
175 g de beurre mou
1 pincée de sel

LES INDISPENSABLES

1 robot équipé du crochet à pâtisserie
1 tourtière
1 rouleau à pâtisserie
1 pinceau de cuisine

ASTUCE

Pour une tarte encore plus gourmande, vous pouvez battre l'œuf de la garniture avec 10 cl de crème fraîche avant de l'étaler sur la pâte.

1. Faites tiédir le lait, puis versez-le dans la cuve du robot et délayez 30 g de sucre et la levure dedans.
2. Ajoutez 3 œufs, un par un, mélangez ; puis incorporez la farine, 125 g de beurre coupé en lamelles et le sel.
3. Faites tourner le robot jusqu'à obtenir une pâte un peu collante mais homogène.
4. Beurrez et farinez la tourtière. Préchauffez le four à 160 °C (th. 5-6).
5. Étalez la pâte sur 1 cm d'épaisseur sur un plan de travail fariné, et foncez le moule. Puis laissez reposer 2 h, dans un endroit chaud et à l'abri des courants d'air. La pâte doit doubler de volume.
6. Battez le dernier œuf à la fourchette, versez-le sur la pâte et étalez-le au pinceau. Saupoudrez du reste de sucre et parsemez du reste de beurre coupé en tout petits morceaux.
7. Enfournez pour 15 à 20 min.

LE SAVIEZ-VOUS ?

Dans les Ardennes, où l'on se régale de cette tarte avec le café, on mange aussi les deux dernières lettres du mot « sucre » : on déguste une tarte au suc'.

Verrines de MOUSSE AU CITRON, *biscuits roses de Reims* et chantilly

Pour	Préparation	Congélation	Difficulté	Coût
4 personnes	30 minutes	15 minutes	Moyenne	Bon marché

INGRÉDIENTS

3 citrons bio
4 biscuits roses de Reims
3 œufs
150 g de sucre en poudre
1 cuil. à soupe de fécule de maïs
20 cl d'eau
20 g de beurre
1 pincée de sel

Pour la crème Chantilly :
15 cl de crème liquide entière très froide
1 cuil. à soupe de sucre glace

LES INDISPENSABLES

1 râpe
1 batteur électrique
1 rouleau à pâtisserie
1 maryse
4 verrines

1. Râpez le zeste de 1 citron et prélevez le jus des 3 citrons. Cassez les œufs en séparant les blancs des jaunes.
2. Mettez les jaunes dans une casserole en inox avec le sucre, mélangez bien. Incorporez la fécule, 20 cl d'eau, le zeste et le jus des citrons.
3. Faites épaissir cette crème sur feu doux sans cesser de remuer avec une cuillère en bois. Dès l'ébullition, retirez du feu. Versez la crème dans une jatte, incorporez le beurre coupé en lamelles, puis laissez tiédir.
4. Battez la crème liquide en chantilly, et incorporez le sucre glace quand elle a bien monté. Réservez-la au réfrigérateur.
5. Montez les blancs d'œufs en neige ferme avec le sel. Puis incorporez-les délicatement à la préparation au citron, en la soulevant avec la maryse.
6. Réduisez les biscuits de Reims en poudre grossière avec le rouleau à pâtisserie.
7. Répartissez la mousse dans les verrines en alternant avec des couches de biscuits. Surmontez de chantilly et réservez 15 min au congélateur.

ASTUCE

Décorez vos verrines de fins copeaux de chocolat noir.

Gâteau aux BISCUITS ROSES de Reims

Pour	Préparation	Cuisson	Difficulté	Coût
8 personnes	**20 minutes**	**40 minutes**	**Facile**	**Moyen**

INGRÉDIENTS

20 biscuits roses de Reims
150 g d'amandes en poudre
1 cuil. à café de levure chimique
6 œufs
300 g de sucre en poudre
1 cuil. à soupe de lait
135 g de beurre en pommade

LES INDISPENSABLES

1 moule à manqué de 25 cm de diamètre ou 1 moule à cake
1 batteur électrique
1 maryse

1. Écrasez finement (ou mixez) les biscuits roses, puis mélangez-les avec les amandes en poudre et la levure.
2. Cassez les œufs en séparant les blancs des jaunes.
3. Mélangez le sucre avec les jaunes d'œufs dans un saladier, jusqu'à ce que le mélange blanchisse.
4. Incorporez le lait et quelques cuillerées de mélange aux biscuits roses.
5. Montez les blancs d'œufs en neige bien ferme. Préchauffez le four à 180 °C (th. 6).
6. Incorporez petit à petit tous les ingrédients dans le saladier, en alternant : une partie du beurre en pommade, de la poudre de biscuits et d'amandes, un peu de blancs d'œufs battus, du beurre, etc., pour éviter d'avoir une pâte trop épaisse. Terminez par du blanc d'œuf battu, en soulevant délicatement la masse avec la maryse.
7. Versez la pâte dans le moule couvert de papier cuisson et enfournez pour 35 à 40 min.
8. Démoulez le gâteau dès la sortie du four sur une grille à pâtisserie.

ASTUCE

Vous pouvez napper ce gâteau d'une fine couche de chocolat fondu ou de confiture.

Charlotte AUX FRAISES et aux biscuits roses de Reims

Pour	Préparation	Réfrigération	Difficulté	Coût
6 personnes	40 minutes	4 heures	Facile	Moyen

INGRÉDIENTS

500 g de fraises
24 biscuits roses de Reims
500 g de mascarpone
1 sachet de sucre vanillé
4 œufs
150 g de sucre en poudre
25 ml de lait
+ pour tremper les biscuits
1 pincée de sel
1 cuil. à soupe de liqueur de fraise (facultatif)

LES INDISPENSABLES

1 batteur électrique
1 moule à charlotte

ASTUCE

Trempez les biscuits roses dans du sirop de fraise et non dans du lait.

1. Lavez, équeutez les fraises, réservez-en quelques-unes pour la déco, et coupez le reste en fines tranches.
2. Mélangez le mascarpone avec le sucre vanillé dans un bol jusqu'à obtenir une texture lisse.
3. Cassez les œufs en séparant les blancs des jaunes. Fouettez les jaunes avec le sucre dans un saladier jusqu'à ce que le mélange blanchisse. Ajoutez le mascarpone sucré.
4. Faites chauffer le lait dans une petite casserole sans le laisser bouillir. Incorporez-le au mélange au mascarpone.
5. Battez les blancs d'œufs en neige bien ferme avec le sel. Incorporez délicatement les blancs en neige à la préparation au mascarpone. Éventuellement, ajoutez la liqueur de fraise.
6. Trempez rapidement les biscuits roses de Reims dans du lait et tapissez-en le fond et les côtés du moule à charlotte.
7. Versez une partie de la crème au mascarpone dans le moule. Ajoutez une couche de tranches de fraises, puis de biscuits roses trempés dans le lait. Répétez l'opération jusqu'à épuisement des ingrédients. Terminez par une couche de crème au mascarpone.
8. Mettez la charlotte au réfrigérateur pendant au moins 4 h, pour que les saveurs se mélangent bien.
9. Démoulez délicatement la charlotte sur un plat de service. Décorez avec les fraises réservées et des biscuits roses émiettés.

Tarte aux MIRABELLES

Pour	Préparation	Cuisson	Difficulté	Coût
6 personnes	30 minutes	35 minutes	Facile	Bon marché

INGRÉDIENTS

750 g de mirabelles de Lorraine
2 petits-beurres émiettés ou
2 cuil. à soupe de chapelure
2 cuil. à soupe de sucre roux

Pour la pâte brisée :
350 g de farine
1 pincée de sel
3 cuil. à soupe de sucre en poudre
150 g de beurre
10 cl d'eau

L'INDISPENSABLE

1 rouleau à pâtisserie

1. Préparez la pâte brisée. Mélangez 300 g de farine avec le sel et le sucre. Incorporez le beurre coupé en fines lamelles et travaillez la pâte rapidement jusqu'à obtenir une semoule grossière. Ajoutez l'eau et formez une boule. Aplatissez-la légèrement, filmez et laissez reposer.
2. Lavez, coupez en deux et dénoyautez les mirabelles. Préchauffez le four à 180 °C (th. 6).
3. Étalez la pâte au rouleau à pâtisserie et foncez-en un moule à tarte couvert de papier cuisson. Piquez le fond à la fourchette et parsemez-le de biscuits écrasés ou de chapelure pour éviter que le jus des fruits détrempe la pâte à la cuisson.
4. Posez les demi-mirabelles à la verticale (sur la tranche) sur la pâte, en allant du bord du plat vers le centre. Serrez les fruits le plus possible. Parsemez de sucre roux.
5. Enfournez pour 30 à 35 min et démoulez immédiatement sur une grille à pâtisserie.
6. Dégustez cette tarte chaude ou froide.

ASTUCE

Pour un dessert plus gourmand encore, préparez une migaine en mélangeant 1 œuf, 2 cuil. à soupe de crème fraîche et 50 g de sucre en poudre, et versez-la sur les mirabelles avant d'enfourner la tarte.

LA MIRABELLE de Lorraine

La mirabelle de Lorraine est une des plus grosses mirabelles cultivées. Sa peau dorée est parsemée de taches rouges, elle a un goût sucré irrésistible, et on l'adore en août, cueillie sur l'arbre, toute fraîche !

QUELLE HISTOIRE !

La mirabelle a conquis les terres de Lorraine il y a plus de cinq siècles. C'est le roi René d'Anjou qui la rapporta d'Asie Mineure en France au XVᵉ siècle. Rapidement, la région de Metz devint son berceau, à tel point que la mirabelle de Lorraine fut reconnue en 1762 par l'Académie française. Au XIXᵉ siècle, on distingua la mirabelle de Nancy de celle de Metz, plus petite, jaune orangé et sans taches.

UN SOL IDÉAL

Le sol lorrain offre un environnement très favorable à la culture de la mirabelle, car il est naturellement riche en argile et en matières minérales. L'argile retient l'eau et une quantité considérable de magnésie et de potasse. Ainsi, grâce à ses racines peu profondes, le mirabellier peut puiser dans le sol les ressources qui lui sont nécessaires pour se développer et donner de beaux fruits.

UN FRUIT OPPORTUNISTE

Au début du XXᵉ siècle, une vaste épidémie de phylloxéra détruit le vignoble lorrain. La Première Guerre mondiale suit de peu, laissant la région exsangue. Les paysans décident alors de planter des mirabelliers en lieu et place des vignes, mais aussi des quetschiers, qui n'ont pas résisté aux rudes hivers qui se sont abattus sur la région depuis le début du siècle. Les vergers de mirabelliers sont plus résistants au froid, et ils s'étendent de façon spectaculaire entre 1920 et 1930, à tel point qu'ils couvrent plus de 10 000 hectares en 1935. Mais la Seconde Guerre mondiale ralentit cet essor.

ET C'EST REPARTI !

Après guerre, la production reprend, et la mirabelle connaît son apogée entre les années 1950 et 1970 (15 000 tonnes par an en moyenne). En 1953, l'eau-de-vie de mirabelle de Lorraine obtient même une appellation d'origine réglementée. Ensuite, un lent déclin s'installe, et près de deux décennies passent avant que de jeunes producteurs, à la fin des années 1980, ne replantent quelque 200 000 mirabelliers. Leur pari : relancer la production et la consommation des petits fruits dorés. Quelques années plus tard, le pari est bel et bien tenu.

LA MIRABELLE DE LORRAINE EN CHIFFRES

• 31 % du volume de mirabelles produites en Grand Est bénéficient de l'indication géographique protégée (IGP) « mirabelles de Lorraine ».
• 67 exploitations sont habilitées à produire des mirabelles de Lorraine IGP en Grand Est.
• 590 hectares sont dédiés aux vergers de mirabelliers.
• 3 300 tonnes de mirabelles de Lorraine IGP sont produites par an.
• 6 opérateurs sont habilités en Grand Est pour l'expédition et/ou le séchage, la congélation et la transformation des mirabelles de Lorraine IGP.

QUE LA FÊTE COMMENCE !

À BAYON, depuis 1936, la fête de la mirabelle se tient tous les deux ans, le dernier week-end d'août, avec l'élection de Miss Mirabelle.

À METZ, elle a lieu en août également depuis 1947, avec l'élection de la reine de la Mirabelle.

À NANCY, elle se déroule début septembre depuis 1945, au quartier des Trois-Maisons.

STREUSEL noisettes

Pour	Préparation	Cuisson	Difficulté	Coût
4 personnes	10 minutes	30 minutes	Facile	Bon marché

INGRÉDIENTS

50 g de beurre
50 g de cassonade
60 g de noisettes en poudre
50 g de farine
2 pincées de fleur de sel

1. Préchauffez le four à 150 °C (th. 5).
2. Travaillez le beurre coupé en fines lamelles dans un saladier avec une cuillère en bois, jusqu'à ce que sa texture soit celle d'une pommade.
3. Mélangez cassonade, noisettes en poudre et farine dans un autre saladier.
4. Incorporez le beurre pommade et mélangez jusqu'à obtenir une pâte homogène.
5. Émiettez grossièrement la pâte sur la plaque du four recouverte de papier cuisson, et enfournez pour 30 min.

ASTUCE

Vous pouvez utiliser la pâte à streusel noisettes en fond de tarte ou comme base d'un entremets aux fruits, en parsemer certains gâteaux ou biscuits avant de les enfourner ou certains desserts avant de les servir...

KOUGELHOPF alsacien

Pour	Préparation	Repos	Cuisson	Difficulté	Coût
8 personnes	30 minutes	4 heures	40 minutes	Moyenne	Bon marché

INGRÉDIENTS

100 g de raisins secs
1 citron
20 g de levure de boulanger fraîche
15 cl de lait tiède
500 g de farine
150 g de sucre en poudre
1 pincée de sel
3 œufs
1 cuil. à soupe de rhum (facultatif)
200 g de beurre à température ambiante (+ pour le moule)
100 g d'amandes entières (ou hachées)

LES INDISPENSABLES

1 râpe
1 moule à kougelhopf

ASTUCE

Saupoudrez le kougelhopf froid de sucre glace avant de le servir.

1. Faites tremper les raisins secs dans de l'eau tiède. Râpez finement le zeste du citron.
2. Délayez la levure dans le lait tiède avec 1 cuil. à soupe de sucre. Le mélange doit être mousseux.
3. Mélangez la farine, le reste de sucre, le sel, le zeste du citron, les œufs et éventuellement le rhum dans un saladier, puis ajoutez le mélange levure-lait-sucre.
4. Incorporez le beurre coupé en lamelles et pétrissez la pâte jusqu'à ce qu'elle soit lisse et élastique. Cela peut prendre de 10 à 15 min.
5. Ajoutez les raisins secs bien égouttés et les trois quarts des amandes, et pétrissez de nouveau pour bien les incorporer.
6. Couvrez le saladier d'un linge et laissez lever la pâte dans un endroit chaud jusqu'à ce qu'elle double de volume (environ 2 h).
7. Beurrez généreusement le moule. Disposez le reste des amandes dans le fond pour la décoration.
8. Pétrissez légèrement la pâte pour la dégazer, puis mettez-la dans le moule. Couvrez à nouveau et laissez lever jusqu'à ce que la pâte atteigne le rebord du moule (environ 2 h).
9. Préchauffez le four à 180 °C (th. 6).
10. Enfournez le kougelhopf pour 30 à 40 min, jusqu'à ce qu'il soit doré et que la pointe d'un couteau inséré au centre en ressorte propre.
11. Laissez-le tiédir pendant quelques minutes avant de le démouler. Puis laissez-le refroidir complètement sur une grille à pâtisserie.

Baba AU RHUM

Pour	Préparation	Cuisson	Difficulté	Coût
4 personnes	**10 minutes**	**30 minutes**	**Facile**	**Bon marché**

INGRÉDIENTS

60 g de beurre
(+ pour le moule)
150 g de sucre en poudre
3 œufs
150 g de farine
1 sachet de levure chimique

Pour le sirop :
200 g de sucre en poudre
40 cl d'eau
15 cl de rhum ambré

LES INDISPENSABLES

1 moule à baba
1 batteur électrique

1. Préchauffez le four à 180 °C (th. 6) et beurrez le moule. Faites fondre le beurre.
2. Mélangez le sucre et les œufs dans un saladier au batteur électrique, puis ajoutez le beurre fondu, la farine et la levure, et mixez jusqu'à ce que la pâte soit bien lisse et homogène.
3. Versez la pâte dans le moule et enfournez pour 15 min. Puis baissez la température à 150 °C (th. 5) et prolongez la cuisson de 15 min.
4. Préparez le sirop. Portez à ébullition dans une casserole le sucre et l'eau, puis ajoutez le rhum et laissez cuire 3 min à petits frémissements.
5. Démoulez le baba sur un plat creux. Versez le sirop sur le gâteau, jusqu'à ce qu'il soit bien imbibé.

ASTUCES

Préparez des petits babas individuels.

Servez ce baba avec une crème fouettée maison ou 1 boule de glace à la vanille.

FORÊT-NOIRE

Pour	Préparation	Cuisson	Marinage	Difficulté	Coût
6 personnes	1 heure	35 minutes	5 minutes	Moyenne	Moyen

INGRÉDIENTS

Pour la génoise au chocolat :
6 œufs
150 g de sucre en poudre
120 g de farine
(+ pour le moule)
30 g de fécule de maïs
30 g de cacao en poudre
Beurre pour le moule

Pour la garniture :
200 g de cerises griottes
au sirop et leur sirop
10 cl de kirsch
50 cl de crème liquide entière
très froide
50 g de sucre en poudre
150 g de copeaux de chocolat

LES INDISPENSABLES

1 fouet à main
1 batteur électrique
1 moule à manqué à bord haut
de 28 cm de diamètre
1 pinceau de cuisine

1. Préparez la génoise. Préchauffez le four à 200 °C (th. 6-7). Beurrez et farinez le moule.
2. Fouettez en mousse les œufs avec le sucre dans un saladier.
3. Mélangez la farine, la fécule et le cacao dans un bol, puis incorporez-les délicatement au mélange précédent.
4. Versez la pâte dans le moule et enfournez pour 35 min. Laissez refroidir la génoise sur une grille à pâtisserie.
5. Préparez la garniture. Mettez les griottes au sirop dans un saladier et arrosez-les du kirsch. Laissez mariner quelques minutes.
6. Montez la crème en chantilly, en ajoutant le sucre quand elle a bien monté.
7. Égouttez les cerises au-dessus d'un saladier pour récupérer le sirop au kirsch afin d'en imbiber le biscuit. Réservez quelques griottes pour la décoration.
8. Coupez la génoise au chocolat en 3 disques.
9. Imbibez le premier disque de sirop au pinceau. Garnissez-le de chantilly et de la moitié des griottes. Posez par-dessus le deuxième disque de génoise et répétez l'opération. Surmontez du dernier disque de génoise et imbibez-le de sirop au pinceau.
10. Masquez le tour du gâteau avec un peu de chantilly. Décorez le dessus de rosaces en chantilly et de griottes.
11. Répartissez les copeaux de chocolat sur le pourtour et le dessus du gâteau.
12. Conservez la forêt-noire au réfrigérateur jusqu'au moment de servir.

LE SAVIEZ-VOUS ?

Ce gâteau nous vient d'Allemagne, de la région dont il porte le nom. Mais il est devenu emblématique de la pâtisserie alsacienne et presque incontournable les jours de fête dans la région.

Tarte aux BRIMBELLES

Pour	Préparation	Réfrigération	Cuisson	Difficulté	Coût
6 personnes	20 minutes	20 minutes	30 minutes	Moyenne	Bon marché

INGRÉDIENTS

400 g de brimbelles (myrtilles des Vosges)
2 cuil. à soupe de chapelure
150 g de sucre en poudre

Pour la pâte :
200 g de farine
2 cuil. à soupe de sucre en poudre
1 pincée de sel
1 jaune d'œuf
5 cl d'eau froide
100 g de beurre

L'INDISPENSABLE

1 rouleau à pâtisserie

1. Préparez la pâte. Versez la farine sur un plan de travail et creusez un puits au centre. Mettez-y le sucre, le sel, le jaune d'œuf. Ajoutez l'eau et mélangez à la main, puis incorporez le beurre mou coupé en lamelles.
2. Travaillez la pâte rapidement, formez une boule, aplatissez-la du plat de la main, filmez-la et laissez-la reposer 20 min au réfrigérateur.
3. Préchauffez le four à 180 °C (th. 6). Lavez délicatement les brimbelles et séchez-les sur du papier absorbant sans les écraser.
4. Étalez la pâte au rouleau sur le plan de travail fariné, sur une épaisseur de 2 à 3 mm.
5. Foncez le moule couvert de papier cuisson, puis piquez le fond à la fourchette.
6. Saupoudrez le fond de tarte de chapelure, qui absorbera le jus des fruits afin que la pâte ne se détrempe pas. Répartissez les brimbelles dessus, saupoudrez-les du sucre et enfournez pour 25 à 30 min.
7. Dégustez la tarte tiède.

La BRIMBELLE

Dans les Vosges, la myrtille sauvage porte le doux nom de brimbelle, et pas question de la confondre avec le bleuet des Vosges : elle est plus petite et a un goût différent, bien plus subtil et parfumé, vous dira-t-on !

POURQUOI « BRIMBELLE » ?

Les étymologistes hésitent encore pour déterminer l'origine de cette particularité linguistique lorraine. L'explication la plus plausible viendrait du vieux français : *bran* signifiait « noir », et le terme *beille* servait à définir ce qui avait une forme de bille. Il s'agirait donc d'« une bille noire ». Fort logiquement, la brimbelle pousse donc sur un brimbellier, et non sur un myrtillier comme dans le reste du pays. Elle se récolte le plus souvent de la mi-juin à la mi-juillet. Mais sur les hauteurs du massif vosgien, la saison dure plus longtemps.

La confiture DE BRIMBELLES

INGRÉDIENTS

Pour 500 g de brimbelles, il vous faudra 350 g de sucre cristallisé (ou « sucre à confiture »).

1. Lavez délicatement, triez et pesez les brimbelles. Mesurez la quantité de sucre nécessaire et versez le tout dans une bassine à confiture.
2. Mélangez bien, puis laissez macérer toute la nuit en couvrant la bassine.
3. Le lendemain, faites chauffer l'ensemble à feu vif jusqu'à ébullition. Puis baissez le feu et laissez encore cuire 30 min, en remuant et en écumant régulièrement. La confiture doit épaissir et atteindre une température de 105 °C.
4. Versez la confiture dans des bocaux stérilisés. Fermez-les, retournez-les et laissez-les ainsi une nuit pour évacuer l'air qu'ils contiennent.

UNE CUEILLETTE RÉGLEMENTÉE

La brimbelle, c'est tellement bon qu'on a bien du mal à s'arrêter ! Alors, pour limiter les dégâts commis par certains cueilleurs trop gourmands, la cueillette est réglementée. Les grands principes à retenir sont les suivants : elle est autorisée du lever au coucher du soleil ; elle est tolérée sur les terrains baillés, mais le propriétaire d'un terrain peut s'y opposer ; on ne doit surtout pas fragiliser ou faucher un plant de brimbellier ; il est interdit d'utiliser un peigne à myrtilles – une « rifle » en Lorraine ; enfin, la récolte est limitée à 5 litres par personne sous peine d'amende. Dans certaines zones comme les réserves naturelles, la cueillette est réduite à 2 ou 3 litres, quand elle n'est pas complètement interdite. Ces interdictions ont pour objectif de préserver la biodiversité, car les brimbelles sont aussi très appréciées des grives, des merles, des renards, des chamois...

LA BRIMBELLE, UN FRUIT MIRACLE

On lui prête en effet de nombreuses qualités. C'est une des baies les plus légères en sucre et en calories, mais, surtout, la brimbelle est connue pour être très riche en antioxydants. Elle contient de nombreux minéraux (potassium, calcium, phosphore, magnésium, fer, sodium) et est bourrée de vitamines (A, B, E, C). Sa consommation est donc plus que recommandée !

LA BRIMBELLE EN CUISINE

Confitures, sirops, sorbets, tisanes, eaux-de-vie, liqueurs, vins ou tartes, elle se déguste de nombreuses façons. Une bonne promenade-cueillette se termine agréablement par la préparation de la fameuse tarte aux brimbelles. Cette pâtisserie délicieusement simple à réaliser peut se préparer en famille ou entre amis. Et tout le monde peut mettre la main à la pâte... brisée, évidemment !

Gâteau au CHOCOLAT de Metz

Pour	Préparation	Cuisson	Difficulté	Coût
6 personnes	15 minutes	30 minutes	Facile	Bon marché

INGRÉDIENTS

200 g de chocolat noir ou praliné
4 œufs
150 g de sucre en poudre
125 g de farine (+ pour le moule)
20 cl de crème liquide entière
Beurre pour le moule

LES INDISPENSABLES

1 râpe
1 fouet à main
1 moule à manqué

1. Râpez finement le chocolat. Préchauffez le four à 180 °C (th. 6).
2. Battez les œufs et le sucre au fouet dans un saladier jusqu'à ce que le mélange blanchisse.
3. Ajoutez le chocolat râpé, la farine en pluie et enfin la crème liquide. Mélangez bien.
4. Versez la pâte dans le moule à manqué beurré et fariné.
5. Enfournez pour 30 min, et laissez le gâteau refroidir dans le moule avant de le démouler.

ASTUCE

Utilisez du beurre demi-sel pour graisser le plat.

Tarte AUX POMMES *à l'alsacienne*

Pour	Préparation	Cuisson	Difficulté	Coût
6 personnes	**20 minutes**	**30 minutes**	**Facile**	**Bon marché**

INGRÉDIENTS

1 pâte brisée
3 pommes
100 g de sucre en poudre
2 œufs
1 sachet de sucre vanillé
25 cl de crème fraîche

1. Pelez les pommes et coupez-les en deux puis en fines tranches. Préchauffez le four à 200 °C (th. 6-7).
2. Mélangez le sucre, les œufs, le sucre vanillé et la crème fraîche dans un saladier.
3. Étalez la pâte dans un moule à tarte en laissant le papier cuisson, et piquez le fond à la fourchette.
4. Disposez les tranches de pommes sur la pâte en rosace, et versez la préparation dessus.
5. Enfournez pour 25 à 30 min, jusqu'à ce que la tarte prenne une belle couleur dorée.

ASTUCE

Saupoudrez la tarte de cannelle en poudre avant de l'enfourner.

LAMMELE

Agneau de Pâques alsacien

Pour	Préparation	Cuisson	Difficulté	Coût
1 agneau	20 minutes	50 minutes	Facile	Bon marché

INGRÉDIENTS

60 g de beurre
(+ pour le moule)
4 œufs
125 g de sucre en poudre
100 g de farine
(+ pour le moule)
1 pincée de sel
Sucre glace

LES INDISPENSABLES

1 moule à lammele (ou lamala) traditionnel en terre cuite
1 batteur électrique
1 maryse

1. Préchauffez le four à 170 °C (th. 5-6). Beurrez et farinez soigneusement les deux parties du moule.
2. Faites fondre le beurre dans une petite casserole et laissez-le refroidir. Cassez les œufs en séparant les blancs des jaunes.
3. Versez le sucre dans un saladier avec les jaunes d'œufs. Travaillez-les au batteur jusqu'à ce que le mélange blanchisse et mousse.
4. Battez les blancs en neige bien ferme avec le sel.
5. Incorporez la farine en pluie à l'appareil jaunes d'œufs-sucre en même temps que les blancs en neige. Veillez à ne pas casser les blancs en soulevant délicatement la pâte avec la maryse et en effectuant des mouvements circulaires, en partant du centre et de bas en haut.
6. Ajoutez le beurre fondu et continuez à mélanger délicatement. Versez immédiatement la pâte dans le moule, en le remplissant aux trois quarts.
7. Enfournez pour 50 min environ, et laissez le moule tiédir avant de démouler le biscuit.
8. Présentez cet agneau saupoudré de sucre glace.

LE SAVIEZ-VOUS ?

En Alsace, on confectionne traditionnellement ce biscuit léger en forme d'agneau pour les enfants au moment de Pâques. Il est souvent décoré d'un petit drapeau en papier de soie aux couleurs du Vatican (jaune et blanc) ou de l'Alsace (rouge et blanc).

Mais cet agneau pascal n'est pas né par hasard. En effet, réalisé après le Carême, ce biscuit riche en œufs permettait aux pâtissiers d'écouler les stocks d'œufs accumulés avant Pâques.

KÄSEKÜECHE

Tarte au fromage blanc

Pour	Préparation	Réfrigération	Cuisson	Difficulté	Coût
8 personnes	45 minutes	30 minutes	40 minutes	Facile	Bon marché

INGRÉDIENTS

Pour la pâte sablée :

180 g de farine
90 g de beurre
(+ pour le moule)
30 g de sucre en poudre
1 sachet de sucre vanillé
1 cuil. à soupe de lait
1 pincée de sel

Pour la garniture :

2 œufs
375 g de fromage blanc
à 40 % de M.G.
7,5 cl de crème fraîche
30 g de fécule de maïs
100 g de sucre en poudre
1 sachet de sucre vanillé

L'INDISPENSABLE

1 moule à manqué à charnière
de 25 cm de diamètre
1 maryse

1. Préparez la pâte. Mélangez la farine avec le beurre coupé en parcelles sur un plan de travail. Incorporez le sucre et le sucre vanillé, puis le lait et le sel.
2. Formez une boule, aplatissez-la légèrement du plat de la main, filmez-la et laissez-la reposer au frais 30 min.
3. Préchauffez le four à 200 °C (th. 6-7). Garnissez de pâte le moule à manqué légèrement beurré. Piquez le fond à la fourchette. Réservez au frais.
4. Cassez les œufs en séparant les blancs des jaunes.
5. Mélangez le fromage blanc, la crème fraîche, les jaunes d'œufs, la fécule, le sucre et le sucre vanillé dans un saladier.
6. Montez les blancs en neige et incorporez-les au mélange au fromage blanc à la maryse. Versez le tout sur la pâte sablée. Enfournez pour 40 min.
7. Attendez 5 min après la sortie du four, puis posez une grille à pâtisserie sur le moule et retournez l'ensemble.
8. Retirez le moule et laissez la tarte refroidir à l'envers pendant 5 à 10 min (pour que le fromage blanc reste bien ferme).
9. Retournez la tarte sur un plat de service. Laissez bien refroidir.

ASTUCES

Préparez cette tarte avec une pâte feuilletée du commerce et du fromage de Langres à la place du fromage blanc.

Dégustez cette tarte avec un coulis de fruits rouges ou une compote de fruits de saison.

Schneckekueche ou LE CHINOIS

Pour	Préparation	Repos	Cuisson	Difficulté	Coût
8 personnes	1 heure	3 heures	35 minutes	Moyenne	Bon marché

INGRÉDIENTS

Pour la crème pâtissière :

25 cl de lait demi-écrémé
½ gousse de vanille
3 jaunes d'œufs
55 g de sucre en poudre
25 g de fécule de maïs
15 g de beurre

Pour la pâte :

500 g de farine
4 g de sel
6 cl de lait
2 sachets de levure chimique
80 g de sucre en poudre
3 œufs
125 g de beurre fondu encore tiède
100 g de pépites de chocolat ou de raisins secs

Pour la finition :

1 jaune d'œuf
2 cuil. à soupe de crème fraîche
Gelée de coing
Sucre glace
1 cuil. à café de jus de citron

1. Préparez la crème pâtissière. Versez le lait dans une casserole et ajoutez-y la demi-gousse de vanille fendue en deux et grattée au-dessus du lait. Amenez à ébullition et retirez aussitôt du feu.
2. Blanchissez les jaunes d'œufs et le sucre au fouet. Quand le mélange est bien homogène, incorporez la fécule de maïs.
3. Retirez la gousse de vanille du lait. Versez le lait sur la préparation aux œufs. Mélangez bien. Reversez toute la préparation dans la casserole et faites bouillir pendant 4 min, sans cesser de fouetter vivement.
4. Hors du feu, ajoutez le beurre. Versez la crème pâtissière dans un plat et filmez au contact pour éviter la formation d'une croûte. Réservez au frais.
5. Préparez la pâte au robot. Mettez la farine et le sel dans le bol du robot.
6. Faites chauffer le lait au micro-ondes 20 s. Il doit être tiède. Versez la levure dans le lait et mélangez jusqu'à dissolution. Ajoutez le sucre. Versez le mélange lait-levure-sucre sur la farine dans le bol du robot, et mélangez à faible vitesse.
7. Ajoutez les œufs battus, puis le beurre fondu. Pétrissez pendant 10 min. La pâte doit se décoller des bords du bol. Laissez-la reposer dans le bol recouvert d'un linge pendant 1 h 30.
8. Étalez la pâte en forme de rectangle de 50 cm sur 40 cm. Étalez la crème pâtissière sur toute la surface et parsemez-la de pépites de chocolat ou de raisins secs.
9. Roulez la pâte sur elle-même et découpez-la en 8 tronçons. Déposez ces petits rouleaux dans le moule à manqué

beurré. Couvrez d'un linge et laissez encore reposer pendant 1 h 30.

10 Préchauffez le four à 180 °C (th. 6). Mélangez le jaune d'œuf et la crème, puis dorez votre chinois au pinceau et enfournez-le pour 30 à 35 min.

11 À la sortie du four, badigeonnez le chinois de gelée de coing.

12 Mélangez le sucre glace et le jus de citron. Badigeonnez enfin votre chinois encore chaud de cette pâte au citron ; le sucre va fondre et former une jolie couche blanche.

13 Démoulez le schneckekueche et laissez-le refroidir sur une grille.

LES INDISPENSABLES

1 fouet à main
1 robot ménager
1 rouleau à pâtisserie
1 moule à manqué
1 pinceau de cuisine

Tarte à la RHUBARBE *meringuée*

Pour	Préparation	Macération	Cuisson	Difficulté	Coût
6 personnes	30 minutes	2 heures	1 h 30	Moyenne	Bon marché

INGRÉDIENTS

1 kg de rhubarbe
1 pâte brisée
120 g de sucre en poudre
1 œuf + **2** jaunes
1 sachet de sucre vanillé
20 cl de crème fraîche
1 cuil. à soupe de fécule de maïs

Pour la meringue :
3 blancs d'œufs
1 pincée de sel
100 g de sucre glace

LES INDISPENSABLES

1 fouet à main
1 batteur électrique
1 poche à douille

1. Deux heures avant de préparer la tarte (ou même la veille), pelez les tiges de rhubarbe à l'Économe et coupez-les en tronçons de 2 cm de long (fendez-les en deux si elles sont grosses), saupoudrez-les de 50 g de sucre et laissez-les macérer.
2. Préchauffez le four à 230 °C (th. 7-8). Égouttez la rhubarbe dans une passoire – elle aura rendu beaucoup d'eau, ainsi que son acidité.
3. Étalez la pâte dans le moule avec son papier cuisson, piquez le fond à la fourchette, répartissez-y la rhubarbe bien égouttée.
4. Battez au fouet dans un grand bol l'œuf entier et les 2 jaunes, le reste de sucre et le sucre vanillé, la crème fraîche et la fécule.
5. Versez cette préparation sur la rhubarbe, et enfournez pour 30 min.
6. Pendant ce temps, préparez la meringue. Montez les blancs d'œufs en neige avec le sel au batteur électrique. Quand ils commencent à prendre, ajoutez le sucre glace par petites quantités, en continuant de battre.
7. Sortez la tarte cuite du four, baissez le thermostat à 110 °C (th. 3-4).
8. Mettez les blancs en neige sucrés dans la poche à douille, garnissez-en joliment la tarte en commençant par le centre et en formant des cercles concentriques, par exemple.
9. Remettez la tarte dans le four pour faire sécher la meringue doucement, durant 1 h environ. Vérifiez au doigt si elle a pris, et prolongez le temps de séchage au four si nécessaire.

La RHUBARBE

La rhubarbe est une belle plante du Nord, adaptée à la pluie, au sol argileux, au soleil de plomb et aux hivers de glace… comme en Lorraine.

ORIGINAIRE D'ASIE…

Les Chinois la cultivaient déjà il y a 5 000 ans pour les vertus médicinales de ses racines. Son nom, provenant du latin *rheubarbarum*, signifie « racine barbare ». Et cela parce qu'elle a longtemps été uniquement consommée par des peuples étrangers, appelés « barbares ». Elle fait son apparition en Europe au XVIIIe siècle, et les Anglais sont les premiers à oser cuisiner cette tige filandreuse. Mais sa chair acidulée conquiert rapidement les palais européens.

… ET BIEN IMPLANTÉE EN FRANCE

Elle est cultivée dans l'Hexagone depuis le XIXe siècle, principalement dans le nord et l'est du pays. La rhubarbe est bien souvent qualifiée de plante « rustique », puisqu'elle résiste très bien au froid et ne demande que très peu d'entretien. Sa seule exigence ? De l'eau en quantité.

ON NE MANGE QUE LA TIGE !

La rhubarbe se déguste entre avril et juillet. On savoure uniquement son pétiole (sa tige), car, aussi étonnant que cela puisse être pour un fruit, ses feuilles sont toxiques : elles sont très riches en acide oxalique, une substance qui peut être mortelle !

BIEN LA CHOISIR

Préférez des bâtons rouge rosé, avec des nuances de vert, signes de maturité. La tige doit être ferme et dense, sans être sèche au niveau des extrémités. Pour vérifier sa fraîcheur, n'hésitez pas à casser une des tiges : de la sève doit s'en écouler. Et attention, plus elle est mûre, plus elle sera acide !

BIEN LA PRÉPARER

En confiture, en compote, en tarte, en crumble… la rhubarbe est majoritairement consommée cuite et offre une chair fondante et acidulée. Elle aime être associée à la framboise, et à la cannelle côté épices. Pour en atténuer l'acidité, il faut la faire blanchir deux minutes à l'eau bouillante avant de la cuire. En fonction de la variété, elle peut ne pas être épluchée – c'est le cas quand il s'agit de jeunes pétioles –, mais quand les tiges sont plus grosses et fibreuses, il est préférable de les éplucher à l'aide d'un Économe ou d'un petit couteau d'office. Coupée en tronçons que l'on fait revenir dans un peu d'huile, salée et poivrée, elle fait merveille en accompagnement d'une volaille ou encore d'un plat de poisson. Si l'on souhaite

la consommer crue, il faut l'avoir fait macérer dans du sucre auparavant.

BIEN LA CONSERVER

La rhubarbe potagère ne se conserve que deux à trois jours dans le bac à légumes du réfrigérateur. En revanche, elle se congèle très bien. Il suffit de la laver et de la mettre dans un sac de congélation coupée en tronçons.

GAUFRES *liégeoises*

Pour	Préparation	Repos	Cuisson	Difficulté	Coût
12 gaufres	**20 minutes**	**2 heures**	**20 minutes**	**Facile**	**Bon marché**

INGRÉDIENTS

375 g de farine
1 sachet de sucre vanillé
1 pincée de sel
2 œufs
1 sachet de levure de boulanger
25 cl de lait tiède
150 g de beurre
100 g de sucre perlé

L'INDISPENSABLE

1 moule à gaufres liégeoises

1. Mélangez la farine avec le sucre vanillé et le sel sur le plan de travail. Faites une fontaine au centre et cassez les œufs dedans.
2. Mélangez la levure avec le lait tiède et ajoutez-les au mélange précédent avec une cuillère en bois : la pâte doit être assez compacte. Couvrez d'un linge et laissez reposer 30 min à température ambiante et à l'abri des courants d'air.
3. Faites fondre le beurre et incorporez-le à la pâte, puis ajoutez le sucre perlé. Couvrez et laissez reposer la pâte à nouveau 1 h à 1 h 30.
4. Déposez une bonne cuillerée à soupe de pâte au centre des plaques du gaufrier bien chaudes. Les gaufres sont cuites dès qu'elles sont bien dorées.

ASTUCE

Les gaufres liégeoises sont habituellement parfumées à la cannelle et à la vanille. Elles se dégustent juste saupoudrées de sucre glace ou encore nappées de chocolat… même si les plus gourmands les accompagnent de crème Chantilly ou fouettée !

LE SAVIEZ-VOUS ?

Cette recette, comme son nom l'indique, vient de Liège, en Belgique, et a été inventée par le cuisinier du prince de Liège au XVIIIe siècle. Mais elle a largement été adoptée depuis dans le Grand Est !

GÂTEAU MOLLET ardennais

Pour	Préparation	Repos	Cuisson	Difficulté	Coût
6 personnes	20 minutes	2 heures	35 minutes	Facile	Bon marché

INGRÉDIENTS

12 g de levure de boulanger fraîche
10 cl de lait tiède
250 g de farine
70 g de sucre en poudre
1 pincée de sel
4 œufs
120 g de beurre en pommade

L'INDISPENSABLE

1 moule à kougelhopf

1. Émiettez la levure dans le lait tiède et laissez reposer quelques minutes.
2. Mélangez la farine, le sucre, le sel, la levure diluée dans le lait et les œufs dans un saladier.
3. Ajoutez peu à peu le beurre en continuant de mélanger.
4. Versez la pâte dans le moule beurré et fariné, couvrez d'un linge et laissez lever au moins 2 h dans un endroit chaud. La pâte doit atteindre le haut du moule.
5. Préchauffez le four à 180 °C (th. 6).
6. Enfournez pour 35 min.

ASTUCE

Servez ce gâteau saupoudré de sucre glace, avec de la compote de rhubarbe, de mirabelles ou de brimbelles, par exemple.

Sabayon AU CHAMPAGNE et aux pêches blanches

Pour	Préparation	Difficulté	Coût
4 personnes	25 minutes	Moyenne	Moyen

INGRÉDIENTS

120 g de sucre en poudre
6 jaunes d'œufs
20 cl de champagne brut
Le jus de ½ citron
4 pêches blanches bien mûres
Menthe fraîche

LES INDISPENSABLES

1 saladier adapté au bain-marie
1 batteur électrique
4 coupes ou verres à large bord

1. Battez le sucre avec les jaunes dans un saladier jusqu'à ce que le mélange blanchisse.
2. Placez le saladier au-dessus d'une casserole d'eau frémissante pour une préparation au bain-marie.
3. Versez le champagne et le jus de citron sur le mélange jaunes-sucre, et fouettez au batteur électrique jusqu'à ce que le mélange double de volume.
4. Lavez et séchez délicatement les pêches. Coupez-les en morceaux.
5. Répartissez le sabayon dans les coupes, ajoutez des morceaux de pêches et quelques petites feuilles de menthe, et servez aussitôt.

ASTUCES

Remplacez le champagne par un crémant d'Alsace et les pêches par d'autres fruits de saison : mirabelles, raisin muscat ou chasselas…

Ajoutez 1 pincée de poivre timut, dont le parfum d'agrume se marie bien avec les pêches.

Le Grand Est, ROYAUME DE NOËL

Dans les territoires du Grand Est plus que partout ailleurs, la tradition de Noël est solidement enracinée. Moment unique de convivialité et d'authenticité, la fin de l'année marque ici un temps de réjouissances : pour se ressourcer et s'émerveiller...
Alors que la douceur de l'hiver s'installe, en Grand Est, l'esprit du Noël universel s'éveille. Et la magie s'installe....
Les marchés de Noël, la Saint-Nicolas, les illuminations, la gastronomie et les savoir-faire ancestraux créent un univers magique aux doux parfums épicés. Avec près de 1 000 événements, dont 150 marchés de Noël, la région devient le royaume de Noël, attirant des visiteurs du monde entier. Vivre Noël en Grand Est, c'est plonger dans un monde féerique.

La magie de Noël

NOËL et ses gourmandises

Dans le Grand Est, les fêtes de Noël s'accompagnent de nombreuses gourmandises. Dès la fin novembre, les marchés de Noël s'installent et diffusent dans les rues des villes et des villages leurs délicieux arômes de vin chaud et de pain d'épices. Dans les maisons, les fours commencent à chauffer pour préparer les nombreuses fournées de bredele et le champagne s'invite sur les tables des fêtes...

LES BREDELE

Les bredele, bredle ou bredela, et leurs déclinaisons les spritz bredele, sont des biscuits de Noël traditionnels que l'on prépare et déguste dès la fin novembre en Alsace et en Lorraine. Leur nom est un diminutif de *Winachtsbredele*, qui signifie littéralement « petits gâteaux de Noël ». Une tradition vieille de plusieurs siècles qui ne fait que s'enrichir avec toujours de nouvelles formes, de nouveaux goûts, de nouveaux produits. À la cannelle, à l'orange, aux noix, au chocolat, il existe aujourd'hui plus de 100 recettes de bredele, sans compter les adaptations et recettes secrètes que l'on se transmet de génération en génération dans les familles de la région depuis le XVIe siècle, au moins. Les bredele sont également synonymes de partage, car on en offre aux proches, aux voisins et aux collègues pendant toute la période de Noël. On prend soin de les emballer dans de jolies boîtes ou sacs cadeaux, pour un présent personnalisé apprécié de tous.

LE SUCRE ROUGE ARDENNAIS

Le sucre rouge ardennais est un bonbon confectionné pendant la période de fin d'année et originaire de la vallée de la Meuse. Mélange de sucre blanc, d'eau, de glucose et d'un colorant naturel, il est coulé depuis 1925 dans des moules d'époque représentant des personnages, des animaux ou des objets, et se déguste en le suçant.

LE PAIN D'ÉPICES

Le pain d'épices fait le bonheur des gourmands et des gourmets : épices, miel, notes d'agrumes, une douceur réconfortante et des saveurs qui, à n'en pas douter, participent à la féerie de Noël.

LE VIN CHAUD

Le vin chaud, aux effluves envoûtants, si réconfortant au cœur de l'hiver, est une des stars des marchés de Noël ! Il associe le vin aux arômes acidulés des agrumes à un délicat mélange d'épices et mijote tranquillement en vous attendant.

LE BERAWECKA

Le berawecka, savant mélange de fruits secs et de fruits confits macérés dans l'eau-de-vie, est pour sa part une véritable explosion de saveurs ! Cette pâtisserie se consomme en tranches fines.

LES MANNELE

Le 6 décembre, pour la Saint-Nicolas, on offre des mannele, petites brioches à l'effigie de l'évêque, et des bonbons de sucre rouge des Ardennes en forme d'animaux, de personnages et de divers objets.

LE KOUGELHOPF

À la période de Noël, la brioche traditionnelle du Grand Est, c'est bien sûr le kougelhopf, aux raisins secs, aux amandes et aux épices, saupoudré de sa neige de sucre glace. Un régal !

La magie de Noël

Ça se passe EN GRAND EST

LE MARCHÉ DE NOËL DE STRASBOURG

• Il date du XVIe siècle et a plus de 450 ans, ce qui en fait le plus ancien d'Europe.

• Chaque année s'y installent, de fin novembre au 24 décembre, environ 300 chalets, avec des exposants qui proposent aussi bien des décorations de Noël et des jouets en bois artisanaux que des délices culinaires régionaux et autres vins d'Alsace.

• Pas moins de 3,5 tonnes de bredele sont confectionnées pour l'occasion.

• Le marché a accueilli plus de 3,3 millions de visiteurs en 2023.

• Chaque année y trône l'un des plus grands sapins de Noël d'Europe, somptueusement décoré et illuminé.

LES FÊTES DE SAINT NICOLAS À NANCY

Les Fêtes de saint Nicolas à Nancy bénéficient d'une reconnaissance nationale depuis leur inscription à l'inventaire français du Patrimoine culturel immatériel en novembre 2018. Elles durent quarante jours : villages de saint Nicolas, animations, manèges et grandes roues, illuminations et féeries commencent à la fin du mois de novembre dans une bonne odeur de vin chaud et de pain d'épices, pour s'achever début janvier. Un grand défilé dans les rues du centre-ville est programmé le week-end le plus proche du 6 décembre, jour de la saint Nicolas.

LES HABITS DE LUMIÈRE À ÉPERNAY

À la mi-décembre, la ville d'Épernay, en partenariat avec le Comité de l'Avenue de Champagne, propose trois jours de festivités autour de l'art de vivre à la champenoise. Au programme, des bars à champagne, des animations musicales, des installations lumineuses et un feu d'artifice, un concours de chefs, un concours des P'tits Pâtissiers, une parade de véhicules anciens avec plus de 400 véhicules...

La magie de Noël

Ça se passe EN GRAND EST

LES BULLES ENCHANTÉES DE TROYES

À l'approche de Noël, de curieuses bulles apparaissent devant l'hôtel de ville de Troyes. Une immersion insolite dans un Noël d'antan avec le conte *Le Plus Grand des Noëls à Troyes* et un décor de bulles aux mises en scène spectaculaires. Pour une promenade magique durant laquelle les enfants pourront même écrire leur lettre au Père Noël.

UN NOËL DE CONTE DE FÉES À COLMAR

Dès la fin novembre et jusqu'à la fin décembre, les façades à colombage arborent des décorations multicolores et les illuminations enveloppent la ville d'une aura étincelante. Les senteurs de cannelle et de vin chaud embaument les places, transformées en véritables petits villages de conte de fées, avec leurs chalets de Noël, et l'on ne résiste pas à une balade le long des canaux de cette Petite Venise…

LA FÉERIE DE NOËL À METZ

Après vous être régalé sur le marché de Noël de Metz, prenez de la hauteur et montez à bord de la grande roue pour une vue imprenable sur la cathédrale et les chalets de bois. Puis, à la nuit tombée, offrez-vous une balade familiale et poétique sur le sentier des Lanternes : des centaines de lutins, d'ours en peluche et de soldats de bois illuminent le square Boufflers.

UN PRÉCIEUX ALLIÉ

Les traditions de Noël sont si profondément ancrées en Grand Est que le territoire tout entier vibre à leur rythme à cette période de l'année. Pour en faciliter la découverte, toutes les manifestations de fin d'année proposées dans le Grand Est sont répertoriées, par ville, dans les « guides » du site Explore Grand Est, pour un Noël magique garanti !

www.explore-grandest.com

La SAINT-NICOLAS

En Alsace et en Lorraine plus particulièrement, le saint patron protecteur des enfants est souvent plus célèbre que le Père Noël. Sa célébration donne lieu à l'une des traditions les plus ancestrales et authentiques. La fête de la Saint-Nicolas est accompagnée par tout un imaginaire autour de ce personnage attachant qu'était l'évêque de Myre, né en Turquie au IIIe siècle. Ainsi, tous les petits Lorrains connaissent l'histoire des trois petits enfants ressuscités.

LA LÉGENDE

La légende raconte que des enfants perdus, attirés par la lumière d'une maison, frappèrent à la porte. L'homme qui leur ouvrit prétendit les accueillir pour la nuit, mais il s'agissait en réalité d'un boucher du nom de Pierre Lenoir qui avait de bien plus sombres desseins. Il les tua et les découpa en fins morceaux, puis les jeta dans son saloir pour en faire du petit salé... Sept ans plus tard, saint Nicolas frappa à son tour à la porte du boucher. Le cruel Lenoir l'accueillit, et finit par lui avouer son crime. L'évêque tendit alors trois doigts au-dessus du saloir du boucher et ressuscita les trois enfants. Afin de punir son hôte malveillant (devenu le célèbre et terrifiant Père Fouettard), saint Nicolas décida de l'attacher à son âne, son fidèle compagnon.

LE 6 DÉCEMBRE

Depuis, l'homme bienveillant est considéré comme le saint protecteur des enfants. Chaque premier week-end de décembre, il leur apporte généreusement fruits, chocolats, confiseries et autres friandises pendant la nuit. Durant les festivités de la Saint-Nicolas, la tradition veut que les enfants déposent un verre de lait pour le saint et une carotte pour son âne devant la porte de leur maison pour les remercier de leur passage.

LA FÊTE

Saint Nicolas est fêté principalement dans le nord-est de la France, mais aussi en Allemagne, en Autriche, en Belgique, en Hongrie, en Italie, au Luxembourg, aux Pays-Bas, en Pologne, en Suisse et même en Russie. Dans le Grand Est, des défilés et des parades sont organisés au cœur des villes. Saint Nicolas et le Père Fouettard font leur apparition, parfois hissés sur des chars, et cadeaux et friandises sont distribués aux enfants qui ont été sages.

BREDELE NATURE, bredele à la cannelle et bredele aux amandes

Pour	Préparation	Réfrigération	Cuisson	Difficulté	Coût
30 biscuits de chaque type	1 heure	2 heures 24 heures 48 heures	12 minutes par fournée	Facile	Bon marché

INGRÉDIENTS

500 g de beurre doux
500 g de sucre en poudre
2 œufs + **1** jaune pour la dorure
1 kg de farine
2 sachets de levure chimique
4 cuil. à soupe de cannelle en poudre
125 g d'amandes en poudre

LES INDISPENSABLES

Des emporte-pièces de Noël (sapin, étoiles...)
1 rouleau à pâtisserie
1 pinceau de cuisine

1. Préparez la pâte. Travaillez le beurre et le sucre en pommade dans un saladier jusqu'à ce que le mélange blanchisse, puis ajoutez les œufs entiers.
2. Mélangez la farine et la levure dans un autre saladier, faites une fontaine au centre et versez-y le mélange de beurre, sucre et œufs.
3. Malaxez délicatement pour obtenir une pâte consistante et élastique, puis divisez-la en trois parts égales.
4. Laissez la première nature, aromatisez la deuxième avec la cannelle, et la troisième avec les amandes en poudre.
5. Enveloppez-les séparément dans du film alimentaire et réservez-les au réfrigérateur : la pâte nature doit reposer au minimum 2 h, celle à la cannelle, 24 h, et celle aux amandes peut attendre sans risque 48 h au frais.
6. Préchauffez le four à 180 °C (th. 6) et préparez les bredele nature. Ramenez la pâte à température ambiante. Étalez-la au rouleau à pâtisserie sur un plan de travail légèrement fariné sur une épaisseur de 0,5 cm environ, puis découpez-la avec les emporte-pièces et déposez-les sur la grille du four couverte de papier cuisson.
7. Dorez-les au jaune d'œuf au pinceau et enfournez pour 12 min. Puis laissez refroidir les biscuits sur une grille et rangez-les dans des boîtes en fer-blanc.
8. Le lendemain, préparez et faites cuire de la même manière les bredele à la cannelle, et le surlendemain, ceux aux amandes.

SPRITZ bredele

Pour	Préparation	Cuisson	Difficulté	Coût
30 biscuits	**30 minutes**	**12 minutes**	**Facile**	**Bon marché**

INGRÉDIENTS

250 g de beurre doux
250 g de sucre en poudre
3 œufs
500 g de farine
1 sachet de levure chimique
1 sachet de sucre vanillé
1 pincée de sel
250 g d'amandes en poudre ou de noix de coco râpée

L'INDISPENSABLE

1 poche à douille avec un embout cannelé ou en forme d'étoile

1. Faites fondre le beurre et mélangez-le avec le sucre dans un saladier.
2. Ajoutez les œufs puis incorporez peu à peu la farine et la levure, le sucre vanillé, le sel, les amandes ou la noix de coco. Mélangez bien pour obtenir une pâte homogène.
3. Préchauffez le four à 180 °C (th. 6).
4. Versez la pâte dans la poche à douille et formez des biscuits de 7 à 8 cm de long sur une plaque couverte de papier cuisson.
5. Enfournez pour 10 à 12 min.
6. Laissez refroidir sur une grille et conservez vos bredele dans une boîte en fer-blanc.

ASTUCE

Pour une version encore plus gourmande, trempez les biscuits dans du chocolat fondu sur la moitié de leur longueur dès la sortie du four.

RHUM bredele

Pour	Préparation	Macération	Cuisson	Difficulté	Coût
20 biscuits	**20 minutes**	**1 heure**	**12 minutes**	**Facile**	**Bon marché**

INGRÉDIENTS

50 g de raisins de Corinthe
6 cuil. à soupe de rhum
175 g de farine
½ **cuil. à café** de levure chimique
¼ **de cuil. à café** de sel
100 g de beurre à température ambiante
125 g de sucre en poudre
3 jaunes d'œufs
150 g de sucre glace

L'INDISPENSABLE

1 batteur électrique

1. Faites macérer les raisins dans 2 cuil. à soupe de rhum pendant 1 h.
2. Tamisez la farine avec la levure et le sel.
3. Battez le beurre bien mou avec le sucre jusqu'à ce que le mélange blanchisse.
4. Ajoutez les jaunes d'œufs un par un. Incorporez le mélange farine-levure-sel.
5. Égouttez les raisins secs et ajoutez-les dans la pâte.
6. Préchauffez le four à 170-175 °C (th. 5-6).
7. À l'aide de deux cuillères à café, faites des petits tas de pâte de 2 cm de diamètre sur une plaque allant au four couverte de papier cuisson.
8. Enfournez pour 10 à 12 min.

ASTUCES

Ajoutez quelques pépites de chocolat noir, au lait ou blanc dans la pâte.

Après refroidissement, glacez les rhum bredele avec le sucre glace délayé dans le reste de rhum et laissez-les sécher quelques heures sur une grille, puis conservez vos biscuits dans une boîte en fer-blanc.

KIPFERLE
à la vanille

Pour	Préparation	Réfrigération	Cuisson	Difficulté	Coût
20 biscuits	**20 minutes**	**1 heure**	**12 minutes**	**Facile**	**Bon marché**

INGRÉDIENTS

2 jaunes d'œufs
80 g de sucre en poudre
1 sachet de sucre vanillé
250 g de farine
200 g de beurre à température ambiante
100 g d'amandes en poudre
Sucre glace

L'INDISPENSABLE

1 fouet à main

LE SAVIEZ-VOUS ?

Ces délicieux petits biscuits de Noël en forme de croissant confectionnés durant l'Avent sont d'origine autrichienne. Ils ont été adoptés en Allemagne, en Hongrie, en République tchèque, en Roumanie, en Slovaquie… et dans le Grand Est !

1. Mélangez au fouet les jaunes d'œufs avec le sucre et le sucre vanillé dans un saladier.
2. Mélangez à la main la farine et le beurre coupé en lamelles dans un autre récipient, jusqu'à l'obtention d'une pâte à l'aspect sableux.
3. Incorporez les amandes en poudre et le mélange jaunes-sucres. Formez une boule de pâte et enveloppez-la dans du film alimentaire puis réservez-la au réfrigérateur pendant 1 h.
4. Préchauffez le four à 180 °C (th. 6).
5. Malaxez légèrement la pâte, et formez des boudins de 3 cm de diamètre.
6. Coupez ces boudins au couteau en tronçons de 1 cm de largeur et donnez-leur la forme de croissants.
7. Déposez ces croissants sur une plaque allant au four couverte de papier cuisson.
8. Enfournez pour 10 à 12 min.
9. Laissez vos kipferle refroidir sur une grille, saupoudrez-les généreusement de sucre glace et conservez-les dans une boîte en fer-blanc.

STOLLEN

Pour	Trempage	Préparation	Repos	Cuisson	Difficulté	Coût
6 personnes	1 heure	20 minutes	1 h 30	40 minutes	Moyenne	Moyen

INGRÉDIENTS

Pour la pâte d'amandes :

1 blanc d'œuf
100 g de sucre glace
100 g d'amandes en poudre

Pour la pâte à stollen :

150 g de raisins secs
2 cuil. à soupe de rhum
250 g de farine
50 g d'amandes en poudre
1 cuil. à café de quatre-épices
½ cuil. à café de muscade en poudre
10 g de levure de boulanger fraîche
10 cl de lait tiède
30 g de sucre en poudre
4 g de sel
125 g de beurre
100 g d'orange et de citron confits mélangés

Pour la finition :

30 g de beurre
Sucre glace

1. Mettez les raisins à tremper dans 1 cuil. à soupe de rhum et 1 cuil. à soupe d'eau pendant 1 h.
2. Préparez la pâte d'amandes. Battez le blanc d'œuf au fouet pour le faire mousser, puis mélangez-le avec le sucre glace et les amandes en poudre pour former une pâte homogène. Roulez-la en boudin, filmez-la et mettez-la au réfrigérateur.
3. Mettez la farine, les amandes en poudre, le quatre-épices, la muscade et la levure émiettée dans le bol du robot équipé du crochet, et mélangez à petite vitesse quelques secondes. Ajoutez le lait tiède et le sucre en poudre. Puis le sel et le beurre, petit à petit, et le reste de rhum.
4. Quand le beurre est bien incorporé, remplacez le crochet par la feuille et pétrissez la pâte 2 min, jusqu'à ce qu'elle soit bien lisse. Ajoutez les fruits confits coupés en tout petits dés et les raisins égouttés, puis pétrissez encore 2 min, pour bien les incorporer à la pâte.
5. Retirez la pâte du robot et mettez-la dans un saladier huilé et fariné, puis couvrez d'un linge et laissez reposer pendant 1 h 30.
6. Préchauffez le four à 160 °C (th. 5-6).
7. Farinez le plan de travail et posez la pâte dessus. Étalez-la du plat de la main pour former un rectangle épais au centre duquel vous enfermerez le rouleau de pâte d'amandes réservé au réfrigérateur en rabattant la pâte à stollen dessus. Fermez bien le stollen et marquez l'emplacement de la pâte d'amandes en écrasant légèrement avec le doigt le stollen tout autour du boudin de pâte d'amandes.

8 Posez le stollen sur la plaque du four couverte de papier cuisson et enfournez pour 40 min.

9 Faites fondre le beurre pour la finition. Laissez tiédir le stollen sur une grille à pâtisserie, puis badigeonnez-le de beurre fondu et saupoudrez-le généreusement de sucre glace.

LES INDISPENSABLES

1 fouet à main
1 robot ménager équipé du crochet pour mélanger et de la feuille pour pétrir
1 pinceau de cuisine

MANNELE

Pour	Préparation	Repos	Cuisson	Difficulté	Coût
10 biscuits	**20 minutes**	**1 h 10**	**25 minutes**	**Facile**	**Bon marché**

INGRÉDIENTS

20 cl de lait
25 g de levure de boulanger
500 g de farine
100 g de beurre
100 g de sucre en poudre
5 g de sel
2 œufs + **1** jaune
Raisins de Corinthe ou pépites de chocolat noir

LES INDISPENSABLES

1 paire de ciseaux pointus
1 pinceau de cuisine

ASTUCE

Ces mannele sont particulièrement délicieux avec un chocolat chaud maison.

1. Faites tiédir la moitié du lait et versez-le dans un saladier pour y délayer la levure. Puis incorporez 100 g de farine. Couvrez d'un linge et laissez lever 20 min.
2. Faites fondre le beurre dans une casserole avec le reste du lait, le sucre et le sel, sans faire bouillir. Laissez tiédir.
3. Versez ce mélange sur la préparation lait-levure, et incorporez-le en pétrissant à la main.
4. Ajoutez progressivement les œufs entiers et le reste de la farine. Pétrissez énergiquement pendant au moins 15 min. Couvrez à nouveau le récipient avec le linge et laissez la pâte lever pendant 30 min.
5. Déposez la pâte sur un plan de travail fariné et formez des petits cylindres de 3 cm de diamètre et 15 cm de long. Incisez ces pâtons aux ciseaux afin de former la tête, les bras et les jambes de vos petits bonshommes brioches.
6. Posez-les sur une plaque couverte de papier cuisson. Dorez-les au jaune d'œuf avec le pinceau, et ajoutez des yeux et une bouche en raisins secs ou en pépites de chocolat.
7. Laissez encore lever 20 min. Préchauffez le four à 180 °C (th. 6).
8. Enfournez pour 20 à 25 min.

Pain D'ÉPICES

Pour	Préparation	Cuisson	Difficulté	Coût
8 personnes	15 minutes	50 minutes	Facile	Bon marché

INGRÉDIENTS

100 g de beurre
10 cl de lait
250 g de miel assez fort (bruyère, par exemple)
200 g de farine
½ **sachet** de levure
50 g de cassonade
1 œuf
1 pincée de sel
Mélange d'épices à pain d'épices (cannelle, gingembre, clou de girofle, anis, muscade…)

L'INDISPENSABLE

1 moule à cake

1. Faites fondre le beurre.
2. Faites chauffer le lait sans le laisser bouillir, versez-le dans un saladier et délayez le miel dedans.
3. Ajoutez le beurre fondu, puis la farine, en mélangeant énergiquement pour éviter les grumeaux.
4. Incorporez ensuite la levure, la cassonade, l'œuf et le sel.
5. Ajoutez des épices selon votre goût. Préchauffez le four à 200 °C (th. 6-7).
6. Versez la pâte dans le moule à cake beurré et fariné et enfournez pour 40 à 50 min.

LE SAVIEZ-VOUS ?

Il est de coutume en Lorraine d'offrir le 6 décembre un pain d'épices à l'effigie de saint Nicolas, saint patron des Lorrains et protecteur des enfants.

Des variantes au chocolat prennent aussi place dans les vitrines des pâtisseries et confiseries.

Gâteau au VIN ROUGE

Pour	Préparation	Cuisson	Difficulté	Coût
6 personnes	20 minutes	50 minutes	Facile	Bon marché

INGRÉDIENTS

12 cl de vin rouge
6 œufs
200 g de chocolat noir
450 g de farine
1 sachet de levure chimique
300 g de sucre en poudre
225 g de beurre en pommade
1 cuil. à soupe de cacao en poudre
1 cuil. à café de cannelle

Pour le glaçage :
200 g de sucre glace
4 cuil. à soupe de vin rouge

LES INDISPENSABLES

1 fouet à main
1 batteur électrique
1 maryse
1 moule à cake ou à manqué
1 pinceau de cuisine

1. Préchauffez le four à 150 °C (th. 5). Cassez les œufs en séparant les blancs des jaunes. Coupez le chocolat en petits morceaux. Mélangez la farine avec la levure.
2. Fouettez le sucre avec les jaunes dans un saladier jusqu'à ce que le mélange blanchisse. Ajoutez le beurre.
3. Incorporez le cacao en poudre, la cannelle, le chocolat et le vin rouge, puis la farine avec la levure. Le mélange doit être homogène.
4. Montez les blancs en neige bien ferme, et incorporez-en une bonne grosse cuillerée à la pâte à gâteau en mélangeant normalement, afin d'assouplir la pâte. Ajoutez ensuite le reste des blancs délicatement avec une maryse.
5. Beurrez et farinez le moule et versez-y la préparation.
6. Enfournez pour 50 min environ. Démoulez le gâteau sur une grille à pâtisserie et laissez-le refroidir.
7. Préparez le glaçage. Mélangez le sucre glace avec le vin rouge. S'il est trop épais, ajoutez un peu de vin. Nappez-en le gâteau bien froid et laissez prendre.

ASTUCE

Faites cuire la pâte dans des caissettes individuelles pour réaliser des petits gâteaux qui ne feront qu'une bouchée !

Vin chaud aux ÉPICES DE NOËL

Pour	Préparation	Cuisson	Infusion	Difficulté	Coût
6 personnes	**15 minutes**	**5 minutes**	**5 minutes**	**Très facile**	**Bon marché**

INGRÉDIENTS

1 bouteille de vin rouge ou de vin blanc
230 g de sucre en morceaux
10 cl d'eau
1 bâton de cannelle
1 étoile de badiane
2 clous de girofle
1 pincée de noix muscade râpée
Le zeste de ½ orange

1. Versez le vin dans une casserole, ajoutez-y le sucre et l'eau, mélangez et laissez chauffer à feu doux.
2. Ajoutez la cannelle, la badiane, les clous de girofle et la noix muscade, puis le zeste d'orange.
3. Portez doucement à ébullition et laissez frémir 5 min.
4. Coupez le feu, couvrez et laissez reposer environ 5 min sur la plaque encore chaude.
5. Versez votre vin chaud dans les tasses en le filtrant avec une passoire.
6. Dégustez bien chaud.

ASTUCES

Accompagnez ce vin chaud d'une tranche de pain d'épices.

Et pourquoi pas un vin chaud au vin blanc qui surprendra tous vos convives ? Optez pour un blanc doux d'Alsace, un gewurztraminer ou un pinot gris, pour un vin chaud rond et aromatique. Vous pouvez également utiliser un vin blanc liquoreux ou moelleux, comme un sauternes ou un muscat.

JUS DE POMME chaud aux épices de Noël

Pour	Préparation	Cuisson	Infusion	Difficulté	Coût
6 personnes	10 minutes	5 minutes	10 minutes	Très facile	Bon marché

INGRÉDIENTS

1 l de jus de pomme
25 cl d'eau
1 cuil. à soupe de miel
2 bâtons de cannelle
2 clous de girofle
2 étoiles de badiane
1 pincée de noix muscade râpée

1. Versez le jus de pomme et l'eau dans une casserole.
2. Ajoutez le miel et toutes les épices, et mélangez bien.
3. Faites chauffer le tout à feu moyen, sans jamais laisser bouillir pendant 5 min.
4. Laissez infuser 10 min hors du feu.
5. Filtrez avant de servir.

ASTUCES

Remplacez le miel par du sirop d'érable.

Décorez les verres d'une fine rondelle d'orange ou de citron.

Ajoutez d'autres épices selon votre goût : des gousses de cardamome, de la vanille, du gingembre...

CRÉDITS PHOTOGRAPHIQUES

COUVERTURE
Plat 1 © C. Beudot_RGE ; Margouillatphotos / iStock / Getty Images Plus ; kostik2photo / iStock / Getty Images Plus ; Juefrateam / iStock / Getty Images Plus
Plat 4 © from my point of view / Shutterstock ; Lukam / Photocuisine ; Perrin / Photocuisine

INTRODUCTION
p. 4 : Christophe Manquillet ;
p. 5 : Arina P Habich / Shutterstock ; Chatham172 / Shutterstock ; photocrew1 / Shutterstock ;
p. 6 : Pakin Songmor / Getty Images Plus ;
p. 9 : LENS-68 / Shutterstock ;
p. 10 : barmalini / Shutterstock ;
p. 11 : Stadler RGE ;
p. 12 : Constantini / Photocuisine ;
p. 13 : Stadler RGE ;
p. 14 : Little Adventures / Shutterstock ;
p. 15 : Svariophoto / iStock / Getty Images Plus ;
p. 16 : Aurélia Monnier ; Caito / Shutterstock ;
p. 17 : slowmotiongli / Shutterstock ;
p. 18-19 : Florimond Mochel ;
p. 21 : barmalini / Shutterstock ;
p. 22 : Ppictures / Shutterstock ;
p. 23 : New Africa/ Shutterstock ;

CHAPITRE 1
p. 24 : Tanja Midgardson / Shutterstock ;
p. 27 : Deslandes / Photocuisine ;
p. 29 : Gousses de vanille / Photocuisine ;
p. 30 : lcrms / Shutterstock ;
p. 31 : barmalini / Shutterstock ;
p. 33 : Deslandes / Photocuisine ;
p. 35 : Tatiana Volgutova / Shutterstock ;
p. 37 : Viel / Photocuisine ;
p. 39 : Eskymaks / Shutterstock ;
p. 41 : Perrin / Photocuisine ;
p. 43 : Constantini / Photocuisine ;
p. 44 : JoeGough / iStock / Getty Images Plus ; frederique wacquier / iStock / Getty Images Plus ;
p. 45 : Barmalini / iStock / Getty Images Plus ; PicturePartners / iStock / Getty Images Plus ;
p. 47 : Nicoloso / Photocuisine ;
p. 49 : Nurra / Photocuisine ;
p. 51 : Ploton / Photocuisine ;
p. 53 : Sauvages / Photocuisine ;
p. 54 : Amiel / Photocuisine ;
p. 55 : Malty / Photocuisine ;
p. 57 : Amiel / Photocuisine ;
p. 59 : Madani / Photocuisine ;
p. 61 : ALLEKO / iStock / Getty Images Plus ;
p. 63 : S'Cuiz in / Photocuisine ;
p. 65 : Nicolas Edwige / Photocuisine ;
p. 67 : Gousses de vanille / Photocuisine ;
p. 69 : Manina Hatzamichali_ Marmiton ;
p. 70 : Taillard / Photocuisine ;
p. 71 : A Point Studio / Photocuisine ;
p. 73 : Cardi / Photocuisine ;

CHAPITRE 2
p. 74 : peangdao / iStock / Getty Images Plus ;
p. 77 : Fénot / Photocuisine ;
p. 79 : Fotospring / Photocuisine ;
p. 81 : from my point of view / Shutterstock ;
p. 82 : GSDesign / Shutterstock ;
p. 83 : Ingrid Balabanova / Shutterstock ;
p. 85 : Studio-Ploton / Studio-Ploton ;
p. 87 : Ploton / Photocuisine ;
p. 89 : Ginet-Drin / Photocuisine ;
p. 91 : Studio-Ploton / Studio-Ploton ;
p. 93 : Viel / Photocuisine ;
p. 94 : jasckal / Adobe Stock ;
p. 95 : Taillard / Photocuisine ;
p. 97 : VIKTORIIA DROBOT / iStock / Getty Images Plus ;
p. 99 : Roulier-Turiot / Photocuisine ;
p. 100 : T_alamenthe / Adobe Stock ;
p. 101 : Studio-Ploton / Studio-Ploton ;
p. 103 : Natallia Harahliad / Shutterstock ;

p. 105 : from_my_point_of_view / iStock / Getty Images Plus ;
p. 106 : Postolache_Daniel / Shutterstock ; indigolotos / Shutterstock ;
p. 107 : Duca / Photocuisine ; Natalia Bratslavsky / Shutterstock ;
p. 109 : Bilic / Photocuisine ;
p. 111 : Marielle / Photocuisine ;
p. 113 : Fondacci-Markezana / Photocuisine ;

CHAPITRE 3
p. 114 : HUANG Zheng / Shutterstock ;
p. 117 : Carnet / Photocuisine ;
p. 119 : Paquin / Photocuisine ;
p. 121 : Fénot / Photocuisine ;
p. 123 : Chivoret / Photocuisine ;
p. 125 : Fondacci-Markezana / Photocuisine ;
p. 126 : Christian Jung / Shutterstock ; ESTELLE R / Shutterstock ;
p. 127 : bergamont / Shutterstock ;
p. 129 : Ewgenija_s / iStock / Getty Images Plus ;
p. 131 : photosimysia / Shutterstock ;
p. 133 : Madani / Photocuisine ;
p. 135 : Anna_Pustynnikova / Shutterstock ;
p. 137 : Ploton / Photocuisine ;
p. 138 : Nataly Studio / Shutterstock ; LN team / Shutterstock ;
p. 139 : LN team / Shutterstock ;
p. 141 : Jubault / Photocuisine ;
p. 143 : iko636 / iStock / Getty Images Plus ;
p. 144 : Ploton / Photocuisine ;
p. 145 : Hinzefoto / Shutterstock ;
p. 147 : Marmiton ;
p. 149 : Fascinadora / iStock / Getty Images Plus ;
p. 151 : Ploton / Photocuisine ;
p. 152 : supamas lhakjit / iStock / Getty Images Plus ; Daniela Baumann / Shutterstock ;
p. 153 : New Africa / Shutterstock ; alvarez / E+ / Getty Imges Plus ;
p. 155 : Ploton / Photocuisine ;
p. 157 : OksanaGoleva / iStock / Getty Images Plus ;
p. 159 : Amiel / Photocuisine ;

CHAPITRE 4
p. 160 : Marina Datsenkor / Shutterstock ;
p. 163 : Elena Schweitzer / Shutterstock ;
p. 164 : RGE ;
p. 165 : Pascal Bodez Region Grand Est ; Julia Kuznetsova / Shutterstock ;
p. 166 : Song_about_summer / Shutterstock ; Stadler RGE ;
p. 167 : S. Grebil RGE ; RGE ;
p. 168 : Lya Cattel / iStock / Getty Images Plus ; Marcel Mooij / Adobe Stock ;
p. 169 : Bodez _ RGE ;
p. 171 : Perrin / Photocuisine ;
p. 173 : Ploton / Photocuisine ;
p. 175 : Gousses de vanille / Photocuisine ;
p. 177 : Madani / Photocuisine ;
p. 179 : AnnaPustynnikova / iStock / Getty Images Plus ;
p. 181 : Syl d AB / Photocuisine ;
p. 183 : Langot / Photocuisine ;
p. 185 : Angelika Heine / Shutterstock ;
p. 187 : Anna Kolosiuk / Shutterstock ;
p. 189 : Sea Wave / Shutterstock.

Merci à tous les membres de l'équipe Marmiton et à l'ensemble des marmitons qui, pour notre plus grand bonheur, apportent chaque jour leur pierre à l'édifice de transmission que constitue Marmiton.

Un remerciement aux agents de la Région Grand Est pour leurs contributions diverses et gourmandes à ce livre de recettes.

Direction artistique et réalisation
Aurélia Monnier

Direction éditoriale
Annabelle Roche

Chargée des partenariats
Sonia Habay

Fabrication
Christian Toanen et Nikola Savic

Photogravure
Les Caméléons-Paris

Rédaction
Béatrice Argentier-Le Squer

Correction
Béatrice Argentier-Le Squer et Judith Nouvion

Responsable Partenariats média – Région Grand Est
Anne-Line Trevisan

Achevé d'imprimer en Espagne

ISBN 13 : 978-2-7499-5902-3
Dépôt légal : octobre 2024
LAF3128F

14, boulevard de la Madeleine
75008 Paris

www.michel-lafon.com

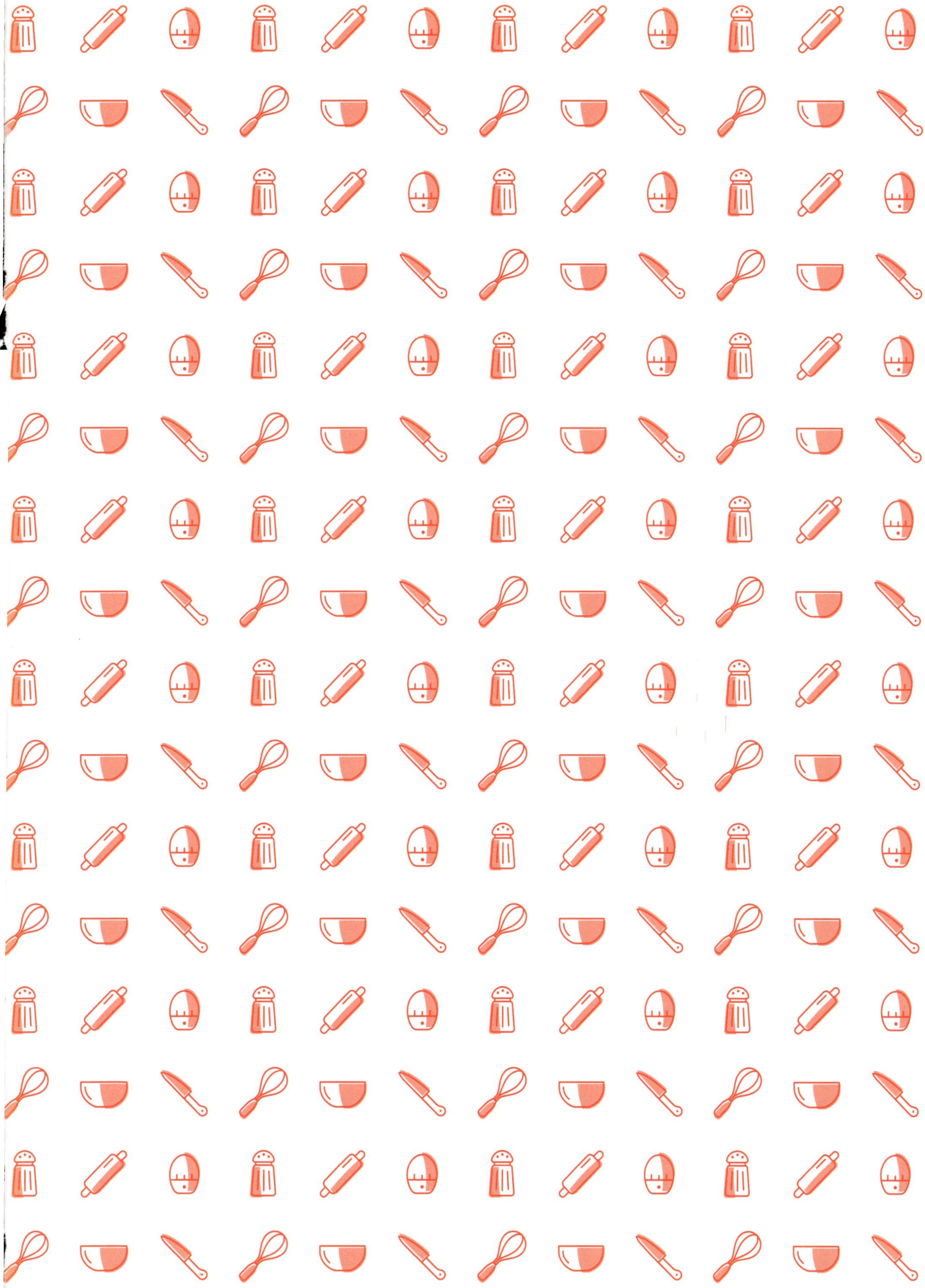

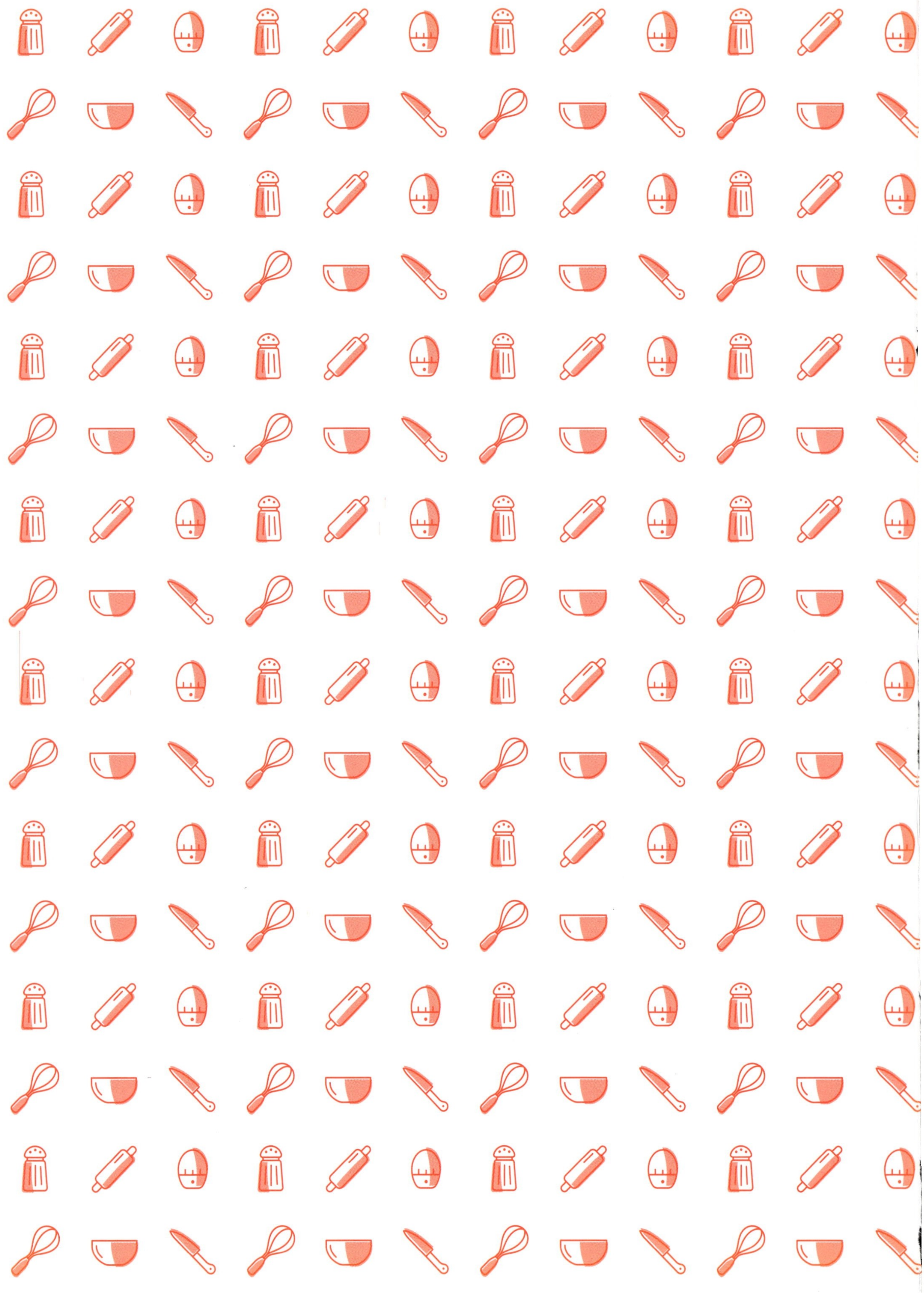